BARBARA VOIGT

Mein Patenkind heißt Jumbo

Die Elefanten-Waisen von Tsavo-East

RASCH UND RÖHRING VERLAG

Fotonachweis:
Titelfotos: Hans-Helmut Röhring, Barbara Voigt
Fotos: Günther Ahner (S. 40), Jean-François Chavrier (S. 99, 106), Brian Cushing (S. 25, 68/69, 77, 78), Lissa Ruben (S. 45, 46, 49, 50, 51), Hans-Helmut Röhring (S. 9, 15, 28, 62, 100/101, 105), Helmut Rüffler (S. 11, 13, 14, 37, 67, 109);
alle anderen Fotos: Barbara Voigt

Die Deutsche Bibliothek – CIP-Einheitsaufnahme

Voigt, Barbara:
Mein Patenkind heißt Jumbo:
die Elefanten-Waisen von Tsavo-East/Barbara Voigt. –
Hamburg: Rasch und Röhring, 1995
ISBN 3-89136-527-6
NE: HST

Großer Burstah 42, 20457 Hamburg, Fax 040/37 13 89
Umschlaggestaltung: Peter Albers
Lithographie: FabriKate, Hamburg
Satzherstellung: FabriKate, Esgrus
Druck und Bindearbeiten: PDC, Paderborn
Printed in Germany

INHALT

THANK YOU!

»Es ist nicht unsere Zeit, die zählt – es ist die Zeit der Elefanten.« Dieser Satz, mit dem Jill Woodley mich 1990 nach unserem ersten Treffen verabschiedete, ist mir nicht mehr aus dem Kopf gegangen. Und er hat bis heute nichts von seiner Gültigkeit verloren.

Ohne Daphne Sheldrick und ihre Tochter Jill hätte ich die Elefanten-Waisen von *Tsavo-East* nie kennengelernt. Ohne die Hilfsbereitschaft dieser beiden Frauen hätte ich aber auch niemals so viel über diese faszinierenden Tiere erfahren. Stundenlang haben wir geredet, und ich habe auf jede Frage eine Antwort bekommen. Als ich Daphne Sheldrick dann von meinem Plan erzählte, ein Buch zu schreiben über ELEANOR, LISSA und CHUMA, über OLMEG, TARU, DIKA, NDUME, MALAIKA, EDO und AJOK, über MPENZI, EMILY und IMENTI – da stellte sie mir spontan jede Menge Aufzeichnungen und Unterlagen aus ihrem Archiv zur Verfügung, die ich für dieses Buch auswerten konnte.

Lissa Ruben, einer Freundin von Daphne Sheldrick und Jill, verdanke ich sehr einfühlsame Schilderungen über die erste Zeit der Waisen in der *Elephant Nursery*. Was sie in ihrem Buch »A Cry From The Wild – A Tale Of Two Orphans« (Macdonald, London 1991) beschreibt, konnte ich nur allzu gut nachvollziehen, nachdem ich die kleinen Elefanten selbst einmal kennengelernt hatte.

Es ist ohne Frage ein großes Privileg, die Elefanten-Waisen in *Tsavo-East* intensiv beobachten zu können. Aus sehr gutem Grund soll der Kontakt zu den Menschen auf ein Mindestmaß reduziert werden, um das erklärte Ziel des Projekts – die spätere Auswilderung – nicht zu gefährden. Doch mit Daphne Sheldricks Erlaubnis konnte ich die *Keeper*, die engagierten Pfleger und Betreuer der Waisen, von Zeit zu Zeit begleiten. Im Januar 1994 waren es Joseph, John, Erustus, Atanash, Peter, Nyaga und Thomas, die in *Tsavo-East* Dienst hatten. Ihnen verdanke ich unvergeßliche Stunden mit den jungen Elefanten, und sie waren jederzeit so auf-

merksam und hilfsbereit, daß ich mich selbst auf diesem ungewohnten Terrain keine Minute unsicher oder verloren gefühlt habe.
Mein Dank gilt ebenso Mr. Stephen Gichangi, *Senior Warden* in *Tsavo-East*, und Mr. Samuel Kasiki, *Research Scientist* des *Kenya Wildlife Service*, die stets Zeit für mich hatten und die so freundlich waren, mich über die Situation im größten kenianischen Nationalpark zu informieren.
Sehr berührt hat mich das Engagement der Fotografen, die dem Verlag ihre Fotos für dieses Buch honorarfrei zur Verfügung gestellt haben: Lissa Ruben, Günther Ahner, Jean-François Chavrier, Brian Cushing und Helmut Rüffler. Auch ihnen sage ich: Thank you!
Last but not least: Ein herzliches Dankeschön an alle, die sich an der Aktion »Mein Patenkind heißt Jumbo« beteiligen und die Patenschaft für eine oder mehrere der Elefanten-Waisen übernommen haben. Mit diesem Programm fördert der Verein »Rettet die Elefanten Afrikas e. V.« das Projekt von Daphne Sheldrick, das ausschließlich durch Spenden finanziert wird. Die regelmäßige Unterstützung der »Pateneltern« ermöglicht den Elefanten-Waisen den Weg ins Leben – bis sie in einigen Jahren alt genug sind, um sich zu den wilden Herden in *Tsavo-East* zu verabschieden.

Hamburg, im Januar 1995 *Barbara Voigt*

Kapitel 1

DIE ZEIT DER ELEFANTEN

Nairobi, im Juni 1990.
»Kommen Sie vor elf«, meint Daphne Sheldrick am Telefon, »dann haben wir etwas Zeit. Danach wird's eng! See you tomorrow.«
Eng wird es für mich am nächsten Vormittag schon viel früher. Mit einer genauen Wegbeschreibung auf dem Beifahrersitz wage ich mich in das City-Chaos von Nairobi. Linksverkehr, zu wenig Wegweiser, zu viele stinkende Auspuffgase, Hupen, Hupen, Hupen, spiegelnde Glaspaläste und fliegende Händler mit Erfrischungsgetränken, die ihren Zweck wohl kaum noch erfüllen dürften.

Daphne Sheldrick begrüßt Barbara Voigt vor ihrem Haus am Rande des Nairobi Nationalparks

Ich denke an den Scheck in meiner Tasche, den ich Daphne Sheldrick im Namen des Vereins »Rettet die Elefanten Afrikas e.V.« überreichen soll. Geld für die Elefantenbabys, die sie aufzieht, Geld für die Opfer der skrupellosen Elfenbein-Wilderer, die erwachsene Elefantenkühe erbarmungslos abknallen, mit den Stoßzähnen verschwinden und die Kleinen hilflos in der brennenden Sonne zurücklassen. In der Wildnis haben sie kaum eine Überlebenschance – schon gar nicht diejenigen, die nur einige Monate alt sind. Und selbst, wenn sie jemand findet: Elefanten sind keine Kätzchen, und lange Zeit war es niemandem gelungen, sie von Babytagen an aufzupäppeln. Daphne hat es geschafft. Wir haben davon in der Zeitung gelesen und wollten sofort helfen. Deshalb bin ich gekommen, aber ich frage mich: Elefanten hier? In diesem Großstadt-Moloch?
Asphalt mit Schlaglöchern und ausgefransten Rändern bis hinaus zum Vorort Langata, vorbei am *Wilson Airport* und am Haupteingang des Nairobi Nationalparks, dann eine lange Linkskurve und eine unscheinbare Einfahrt, Schleuse in eine andere Welt. Fast wäre ich dran vorbeigefahren…

Friedliche Koexistenz: Eine Giraffe beobachtet eine der Nashorn-Waisen, die Daphne Sheldrick ebenfalls in der Nairobi Nursery *aufzieht*

Zur *Nairobi Nursery*, einem der ungewöhnlichsten Waisen-Kindergärten der Welt, führt eine verschlungene Sandpiste ohne Hinweistafel, ohne Pförtnerhaus. Daphne Sheldrick macht um ihr Projekt kein großes Brimborium – und trotzdem weltweit Schlagzeilen: Wer bringt schon so viel Mut mit wie sie, so viel Engagement und Erfahrung mit dem Leben in der Wildnis, um verwaiste Tierbabys aufziehen zu können? Mal sind es Antilopen und Zebras, deren Mütter in Fallen oder als Fleischbeute der Afrikaner ums Leben kamen, mal zentnerschwere Bündel wie die kleinen Elefanten, die hier groß werden sollen, oder wie die Nashorn-Kids SAM und AMBOSELI. Diese beiden sind jetzt, mit drei, vier Jahren, allerdings schon aus dem Gröbsten raus, können tagelang im Nairobi Nationalpark spazierenstapfen und lassen sich nur noch abends freiwillig einsperren. Als wüßten sie genau, wo ihnen nichts passieren kann: im Gatter hinter Daphne Sheldricks Haus.

Ein geräumiger Flachdach-Bungalow, mit blühendem Grün berankt, eine Holzveranda mit Schaukelstuhl und flachem Tisch, Vogelgezwitscher, links dichter Busch, aus dem ein Giraffenkopf lugt, geradeaus, vor einer endlos weiten Ebene, ein Schlammloch zwischen Hügeln aus rotstaubigem Sand. Wäre da nicht der Jumbo-Jet über uns, die Skyline der Hochhäuser, die im aufsteigenden Mittagsdunst verschwimmt – hier könnte ich glatt vergessen, daß ich vor einer knappen Stunde noch auf der *Langata Road* im Stau gestanden habe. Elefanten hier? Ja, warum eigentlich nicht?

Daphne Sheldrick, grauhaarige Lady im geblümten Sommerkleid, empfängt mich auf der Verandatreppe. Aus dem Arbeitszimmer nebenan, das nicht nur so heißt, sondern auch so aussieht, kommt ihre Tochter Jill Woodley, barfuß im Rock und bedrucktem T-Shirt: *Only Elephants Should Wear Ivory* – »Nur Elefanten dürfen

Elfenbein tragen«. Es ist jetzt halb elf, und Mrs. Sheldrick scheint es nun doch ein wenig eilig zu haben. Sie möchte möglichst viel erfahren über unseren Verein, der sich bisher als einzige Tierschutz-Organisation in Deutschland ausschließlich für den Afrikanischen Elefanten engagiert. Und sie möchte möglichst viel erzählen über »ihre« *orphans*, die Elefanten-Waisen, die intensive Pflege, ihr jahrelanges Experimentieren, um auch die Kleinsten zu retten, die total abhängig sind von der Elefanten-Muttermilch. Vor drei Jahren fand sie die Lösung, die klingt wie eine Zauberformel: *SMA Goldcap* oder auch: S. 26 – eine Ersatznahrung, die im Gegensatz zur Kuhmilch fast nur pflanzliches Fett enthält, aber trotzdem sehr nahrhaft ist. Seitdem gibt es mit den sensiblen Kleinen zwar immer noch genug kritische Situationen, aber das größte Problem ist keines mehr.

Ein Staubbad zum Nachtisch

Als hätten sie gehört, daß von ihnen die Rede ist, kommen jetzt vier graue Mini-Jumbos proppemunter aus dem Busch getapst. Tatsächlich, es ist Punkt elf. Und da wetzen sie auch schon über den Rasen, mit flatternden Ohren, die kleinen Rüssel wie Pumpenschwengel hin- und herpendelnd. Schnurstracks stürmen sie auf ein paar junge Männer zu, die schon mit Riesen-Nuckelflaschen warten. Es kann gar nicht schnell genug gehen, bis die großen Schnuller im rosa Maul verschwinden. Die Babys, zwischen 15 und 22 Monate alt, schmatzen und zutzeln. Daphne macht die Honneurs: »Hier vorn, das ist EDO, rechts daneben steht DIKA, dahinter NDUME und links außen, das ist MALAIKA. – Aber kommen Sie«, ruft sie mir von der Verandatreppe aus zu, »jetzt gehen wir erst mal zum Schlammloch.«

Daphne Sheldrick und ihre Tochter Jill wissen die Elefanten-Waisen bei den engagierten Pflegern in guten Händen

Es muß wohl das Schönste für die grauen Youngsters sein, das erfrischende Staubbad zum Nachtisch. Erst mal ordentlich im roten Schlick herumplatschen und sich dann von ihren Pflegern mit roter Pudererde einreiben lassen. Die jungen

Kenianer, die als *Keeper* in der *Nursery* Dienst tun, sind Tag und Nacht bei ihren Schützlingen. »Baby-Elefanten dürfen nie das Gefühl haben, allein zu sein«, sagt Daphne. »Das sind sie in der Natur auch nicht. Deshalb müssen die *Keeper* buchstäblich für jeden kleinen Rüssel in Reichweite sein.« Sie füttern die Waisen, sorgen, wie sonst die Elefantenmutter, für die richtige Hautpflege und spielen mit ihnen, wann immer die Kleinen wollen. Ausgelassen albern die Elefantenkinder jetzt vor der Terrasse des Sheldrick-Hauses herum, turnen über den Schlauch eines riesigen Autoreifens, lassen sich auf die Seite plumpsen, zwei Beine in die Luft gestreckt, und wenn gerade mal keiner guckt, rutschen sie bäuchlings zurück in den Schlamm. Ein Kindergarten? Und was für einer…

»Da kommt AJOK, unser Nesthäkchen«, ruft Jill mir zu. »Er ist gerade sechs Wochen alt.« Um die Hausecke tapst ein rotgepudertes Etwas, so klein und nied-

Der kleine Ajok wurde in einem ausgetrockneten Flußbett gefunden – mutterseelenallein

Die Pfleger brauchen viel Geduld, um einen Frechdachs wie Ajok an die Flasche zu gewöhnen

lich, daß ich es am liebsten sofort in die Arme nehmen würde. Aber das tut schon ein Pfleger. Der junge Kenianer mit der geringelten Strickmütze rückt die weiße Decke wieder zurecht, die die empfindliche Babyhaut vor der prallen Sonne schützt. Zwischendurch versucht er immer wieder, AJOK die Flasche zu geben. Aber der kaspert nur herum, reißt den Schnuller von der Flasche, läuft weg, stupst den Pfleger in den Bauch, schmeißt sich hinterm Haus in einen Heuhaufen. Endlich kann der junge Mann den Frechdachs unter eine Zeltplane bugsieren, die über einer Wäscheleine hängt. Dann will er den Flaschenschnuller unter der Plane hindurch ins kleine Maul schieben, zwei weitere Versuche noch – und es ist soweit: AJOK trinkt…

»Mit einem solchen *feeding tent*, einer Art Futterzelt, wollen wir den ganz Kleinen das Gefühl geben, als wären sie unterm Mutterbauch«, erklärt Daphne. »Das kennen sie, da haben sie Vertrauen, aber es ist eine mühsame Prozedur. Und das muß achtmal am Tag durchgezogen werden, wenn sie so klein sind wie AJOK…«

Vielleicht war mein spontaner Wunsch doch nicht so gut, hier auch mal Elefanten-Kindergärtnerin spielen zu wollen?

Drüben am Schlammloch machen sich EDO und DIKA, NDUME und MALAIKA wieder auf den Weg. Wie im Gänsemarsch zockeln sie mit ihren Pflegern zurück in den Busch, wo sie lernen, das frische Grün zu zupfen, Baumrinde zu kauen, sich an Stämmen zu schubbern. Aber die wichtigste Lektion, das Miteinander in einer richtigen Elefantenherde, die können sie hier, am Rande Nairobis, dann doch nicht mitbekommen. Deshalb wird das Rüsselquartett voraussichtlich im November in den Nationalpark *Tsavo-East* übersiedeln. Dorthin, wo die Geschichte von Daphnes Waisen-Kindergarten einmal begann und wo ältere Elefanten-Waisen bereits auf Entdeckungsreise sind – ins Abenteuer, das Leben heißt.

Nur Elefanten dürfen Elfenbein tragen

Daphne und Jill begleiten mich noch bis zum Auto. In ein paar Tagen fliege ich wieder nach Deutschland. Aber ich muß ihnen davon erzählen – unseren Vereinsmitgliedern und all den Menschen, denen das Schicksal der Elefanten

Afrikas am Herzen liegt. Denn eins ist sicher: Wer sich, auch über Tausende von Kilometern hinweg, dafür einsetzt, daß diese Elefanten-Waisen überleben können, der wird alles daransetzen, auch andere von dem existenzerhaltenden Gebot zu überzeugen: *Only Elephants Should Wear Ivory*. Nur dann, wenn niemand mehr Elfenbein kauft, wird es auch in Zukunft gelingen, der grausamen Wilderei endgültig ein Ende zu machen.

Das nächste Mal, versprechen die beiden zum Abschied, wollen sie mit mir nach *Tsavo-East* fahren. Damit ich die anderen Waisen kennenlerne – und auch ELEANOR, Matriarchin dieser einmaligen kleinen Herde, die sie eines Tages wieder in die Wildnis zurückbringen soll, in jenes Afrika, das auch heute noch den Tieren gehört. Ich werde wiederkommen. Das weiß ich genau. Und ich bedanke mich schon jetzt bei Daphne und Jill, daß sie mir so viel Zeit opfern wollen. »Es ist nicht unsere Zeit, die zählt«, meint Jill da mit ihrem ernsten Lächeln. »Es ist die Zeit der Elefanten.«

Nach dem Schlammbad am Mittag führen die Pfleger die Elefanten-Waisen in den schattigen Busch

Kapitel 2

WENN ES TAG WIRD IN TSAVO ...

T*savo-East*, im Januar 1994.
Es ist stockfinster. Kaum ein Stern mehr am samtschwarzen Himmel, aber auch noch kein blaßblauer Lichtstreifen, der irgendwo in der unendlichen Weite des afrikanischen Horizonts den Tag anmelden würde. Blütenduft hängt in der Dunkelheit. Halb sechs Uhr früh in *Elephant Country*.
Hier, im und rund um den *Tsavo-East* Nationalpark, etwa 300 Kilometer südöstlich der kenianischen Hauptstadt, lebten vor mehr als zwanzig Jahren noch an die 40.000 Elefanten. Baobabs und Akazien, Wasser aus dem *Galana*- und dem *Voi-River*, rote, schön staubige Laterit-Erde – ein Paradies für die friedlichen Riesen. Bis die Wilderer kamen. Bis der schmutzige Elfenbein-Krieg ausbrach im Busch. Bis jeden Tag an die 60 Elefanten niedergemetzelt wurden. *Apokalypse now in Elephant Country*?
Dann der Waffenstillstand, der internationale Handelsboykott für Elfenbein, 1989 durchgepaukt auf der Vertragsstaaten-Konferenz von *CITES*, dem Washingtoner Artenschutzübereinkommen, und 1990 in Kraft getreten. Die Wilderer haben sich aus dem roten Staub gemacht. Eine neue Überlebenschance für die Waisen, die dem grausamen Schlachten entkommen sind. Hier, in *Tsavo-East*, ist jetzt die Heimat der Rüsselbande, die Daphne Sheldrick in ihrer *Elephant Nursery* in Nairobi auf- und durchgepäppelt hat. Hier sollen die Kleinen alles lernen, was ein richtiger großer Elefant wissen muß. Hier sollen sie eines Tages wieder Anschluß finden an die wilden Herden, denen sie auf so furchtbare Weise entrissen wurden. Ein gewagtes, ein phantastisches Experiment. Und noch weiß nicht einmal Daphne Sheldrick, ob die Auswilderung ihrer ungewöhnlichen Ziehkinder gelingen wird.
Die Eingangslampen der *Voi-Lodge* verschwinden im Rückspiegel meines Wagens; vor mir, auf der ausgefahrenen Sandpiste, leuchten im Scheinwerferkegel neonfar-

Eleanor und ihr Adoptivsohn Chuma halten engen Kontakt zu den anderen Elefanten-Waisen von Tsavo-East

bene Tieraugen auf. Antilopen? Löwen? Als ich fast auf ihrer Höhe bin, kommt Bewegung in massige Schatten. Büffel! Drei, vier müssen es sein. Hoffentlich bleibt jetzt der Wagen nicht stecken... Mit diesen gehörnten Kraftpaketen ist nicht zu spaßen, aber afrikanische Nationalparks sind nun mal kein Zoo. Und wenn ich erleben will, wie die Waisen der Wildnis in die Schule gehen, muß ich eben nicht nur den Linksverkehr in Kauf nehmen – wie damals auf der Fahrt zum Kindergarten von Nairobi.

In den *Headquarters*, dem Hauptquartier der Parkverwaltung, läßt der Dienstbeginn noch auf sich warten. Aber zwei Kurven weiter, eine sanfte Wegsteigung höher, da stupsen und drängeln sich unter einer riesigen Akazie acht proppere Elefantenkinder rund um das kleine Wasserloch neben ihrem eingezäunten Nachtquartier, den *Stockades*. Sechs Uhr früh, hat Daphne mir gesagt, das ist ihre Zeit. Da öffnen die *Keeper*, ihre Pfleger, die schweren Eisentüren der Gatter. Da können sie's gar nicht abwarten, bis es auf Tour geht. Und schon wetzen AJOK und Nesthäkchen MPENZI um die Wette, damit sie vorher ja noch ihren Frühstücksschluck aus der riesigen Nuckelflasche bekommen. MPENZI, 16 Monate jung, läßt sich den Schnuller von Peter ins Maul stopfen und sabbert derart vor lauter Ungeduld, daß immer wieder kleine Milchrinnsale in der roten Tsavo-Erde versickern. AJOK dagegen greift sich seine Flasche mit elegantem Rüsselschwenk, zutzelt sie leer in Null Komma nichts und vergeudet keinen Tropfen. Ich kann's gar nicht glauben. Das soll der Knirps sein, der in Nairobi jedesmal einen solchen Aufstand beim Füttern veranstaltet hat?

Mpenzis Frühstück: ein stärkender Milchtrunk aus der großen Nuckelflasche

»Ja«, lacht John, der *Keeper* im weißen Kittel, der mich in der Dunkelheit sicher an dem aufgeregten Waisen-Pulk vorbeibugsiert hat, »in der *Nursery* wurde AJOK mit der Zeit wirklich ein kleiner

Raudi, *a naughty boy*. Aber hier in Tsavo lernt jeder Elefant etwas Disziplin – genau wie die Babys in den wilden Herden. Das muß sein, denn wer im Busch nicht auf die erfahreneren Verwandten hört, ist schnell in Gefahr.«

Olmeg, der Boß der »Nairobi-Waisen«, paßt auf, damit Ajok nicht zu übermütig wird

Mit der Milchflasche in den Busch

Nach dem Tod ihrer Mutter und nach ihrer glücklichen Rettung vor dem sicheren Untergang haben die Waisen ihre *Keeper* inzwischen als Pflegefamilie akzeptiert. 14 junge Kenianer teilen sich den Dienst in Nairobi und in Tsavo nach einem bestimmten Rotationsverfahren. Die *orphans* sollen mit allen gut auskommen und sich nicht zu sehr an einen der *Keeper* gewöhnen. Das könnte in einer Katastrophe enden. Denn wenn ein Elefantenbaby nur auf eine Person fixiert ist, darf die sich nie zu lange entfernen. Sonst bricht ihm schnell das Herz, weil es sich zum zweiten Mal verlassen fühlt – und der aufkeimende Lebensmut endet möglicherweise in einer lebensgefährlichen Depression.

In *Tsavo-East* sind zur Zeit acht *Keeper* im Dienst – auch sie mit wechselndem Einsatzplan. Für John, Peter und Erustus steht heute der Busch auf dem Programm: Sechs, sieben Kilometer sind das übliche Tagespensum der Waisen. Nur wenn ihnen die Pfleger das »Spezial-Training« verordnen – in Serpentinen frühmorgens rauf auf den Hügel hinter den *Stockades* und am Nachmittag wieder runter –, dann wetzen die kleinen Säulenbeine bis zu 14 Kilometer weit. Wie in der richtigen Wildnis zur Trockenzeit, wenn die Herden lange wandern müssen, um genug Grünzeug und Wasser zu finden. Bis zu 18 Stunden verbringen sie jeden Tag mit der Nahrungssuche. Macht bei erwachsenen Tieren manchmal mehr als 150 Kilo Gras, Blätter, Zweige und Baumrinde; dazu pumpen sie sich rund 140 Liter Wasser ein – zehn Liter pro Rüsselfüllung.

Bis die Waisenkinder solche Mengen verkraften, wird es noch eine Weile dauern. Aber sie futtern auch jetzt schon bis weit in die Nacht. Deshalb sind regelmäßig zwei *Keeper* zum »Grün-Holen« abgeordnet. Zusammen mit zwei Männern des

Kenya Wildlife Service (KWS) fahren sie im *pick-up*, einem offenen Kleinlaster, bis zu 20 Kilometer weit in den Busch und schneiden große Mengen an *nightgreen* – ein üppiges Betthupferl für die Ausflügler, das sie abends in ihrem Gatter erwartet. Zwei Pfleger schieben dort tagsüber Wache, und Joseph Mutua kontrolliert den acht Kilometer langen Elektrozaun rund um die *Headquarters*, Schutz vor ungebetenen Gästen – vierbeinig die meisten und manchmal auch mit Rüssel.

Kurze Verschnaufpause für die Pfleger, wenn die Elefanten-Waisen mittags zum mudwallow *kommen*

Peter hat inzwischen den Rucksack geschultert: ein paar Pausen-Snacks für die *Keeper*, Milchpulver und Flaschen für MPENZI, die immer noch alle vier Stunden einen Schluck aus der Pulle haben muß – eine Tatsache, die vor allem AJOK sauer macht. Er scheint sich noch gut an die Zeit zu erinnern, als er das milchabhängige Nesthäkchen war. Nun darf er nur noch morgens und abends an den Schnuller, bekommt keine Milch mehr, sondern einen Stärkungsdrink aus Getreideflocken, Kokosnuß und Wasser. Auch wenn der ihm vielleicht nicht so gut schmeckt wie der Milchmix, er bekommt ihm bestens. »Schau' mal da rüber«, sagt John. »Das ist OLMEG, der ist jetzt sieben – und AJOK ist noch nicht mal vier Jahre alt, aber trotzdem schon fast genauso groß…«

Kein Wunder also, daß ich ihn nicht gleich erkannt habe. War er doch damals in Nairobi mindestens einen Elefantenkopf kleiner als all die anderen. Und dann dieser Wachstumsschub? John scheint meine Gedanken erraten zu haben: »OLMEG stammt aus einer Gegend, wo es viele Waldelefanten gibt. Die sind sowieso etwas kleiner. Und mit AJOK hat es nie Probleme gegeben. Er war immer gesund. Deshalb ist er wohl auch etwas schneller groß geworden als die anderen.«

So schätzt man das Alter eines Elefanten:

Jünger als drei Wochen: *rosa hinter den Ohren; keine koordinierten Bewegungen.*
Zwischen drei und sechs Wochen: *noch rosa hinter den Ohren, aber bereits koordinierte Bewegungen.*
Zwischen sechs Wochen und drei Monaten: *allmählich dunkle Rückseite der Ohren; noch keine Backenzähne (Molaren).*
Älter als drei Monate: *Der erste Satz Backenzähne ist sichtbar.*
Bis zu einem Jahr alt: *Das Elefantenkind kann normalerweise noch unter dem Bauch seiner Mutter stehen.*
Etwa zwei Jahre alt: *Die Spitzen der Stoßzähne sind an der Lippe zu sehen.*
Zwei Jahre und älter: *Von nun an ist vor allem die Länge der Stoßzähne ein wichtiger Hinweis auf das Alter eines Elefanten, denn ein besonders großes Kalb kann mit drei Jahren bereits eine ähnliche Körpergröße erreichen wie ein fünfjähriges, kleiner gewachsenes Elefantenkind.*

Noch keine zwei Jahre alt, aber schon fix auf den Beinen

Wir müssen uns beeilen, John und ich, damit wir den Anschluß nicht verpassen. Die Waisen sind schon den abschüssigen Weg hinabgestapft, der von den *Stockades* zur Parkpiste führt. OLMEG trabt vorweg, die anderen in langer Reihe hinterher. Bis zu den Büschen unten an der Straße, zwischen denen sich alle zum ersten Imbiß verkrümeln. DIKA bedient sich bei herumliegenden Ästen, TARU will höher hinaus und rupft einem Baum die Blätter weg.

Über der endlosen Ebene vor uns, am Horizont, der sich nur ahnen läßt, kündigt ein fahlblauer Lichtstreif die Morgendämmerung an. Nur noch ein paar Minuten, und dann wird wieder Tag sein in Tsavo. Schon sind die meisten Eli-Kids hinter OLMEG her, der jetzt die rotsandige Piste entlangschlendert. Erustus sieht zu, daß er ihnen auf den Fersen bleibt. »MEGGIE ist hier der Boß«, ruft er mir über die Schulter zu. »Er sagt morgens, wo's langgeht.«

Erster Halt auf der Morgentour: ein Gras-Imbiß unweit der Headquarters *von* Tsavo-East

Eleanor führt die Waisen in den Busch und macht sie dort mit den wilden Herden bekannt

Jenseits der Piste, auf einer weiten Grasfläche, macht der Boß wieder halt, und alles hört auf sein Kommando. Auch die *Keeper*. Nur TARU zottelt noch ein wenig weiter ins Gebüsch hinein – in gebührendem Abstand gefolgt von Erustus, der ihm und der aufgehenden Sonne eine Viertelstunde lang zuschaut. »TARU geht schon gern seine eigenen Wege«, erklärt mir John. »Und wir lassen ihn. Unsere Waisen sollen so frei sein wie möglich. Wir sind nur dazu da, um sie zu beschützen.« Vor Löwen beispielsweise, die selbst den zentnerschweren Elefantenkindern gefährlich werden können. Es reicht schon, daß die Pfleger in der Nähe sind. Dann trollen sie sich, weil ihnen die Menschen – zu Recht – suspekt sind. Doch darauf verlassen können sich Peter, John und Erustus nicht. Denn in der Wildnis kann heute schon

Ajok liebt es, wenn die Keeper *mit ihm spielen. Diesmal hat er Peter beim Wickel*

alles anders sein, als es gestern noch war. Es ist ein gefährlicher Job, den die *Keeper* Tag für Tag tun, denn sie haben nicht mal ein Buschmesser bei sich. Waffen tragen darf niemand hier im Nationalpark – mit Ausnahme der Ranger.
Trotzdem: Die *Keeper* lieben ihren Job. Geduldig warten sie immer wieder auf OLMEG und DIKA, MALAIKA und MPENZI, auf NDUME und EDO, wenn sie das nächste Grün am Wickel haben. Sie lassen TARU Zeit, der sich fast überall als letzter in Marsch setzt, und sie freuen sich über AJOK – immer frech wie Oskar. Gerade rollt er mal eben kurz den Rüssel wie einen dicken Staubsaugerschlauch um den Nacken von John. Der windet sich lachend aus der Umklammerung. »AJOK wird bald der Stärkste von allen sein«, meint John. »Aber AJOK ist mein Freund…«

Ein Extra-Geld für gute Arbeit

Es wird unruhig auf der Piste. Ein Lastwagen mit Schulkindern fährt vorbei, eine Ranger-Patrouille, ein Jeep mit Angestellten der *Voi-Lodge*. Bald werden die ersten Safari-Touristen kommen. Zeit für den Trupp, weiter hinab in die Ebene und ins Dickicht zu ziehen. Dorthin, wo die Waisen ungestört sind, denn *off road* – abseits der Piste – dürfen die Mini-Busse mit der Fotoluke im Dach nicht fahren. »Tschuup, tschuup, tschuup«, ruft John jetzt energisch und treibt die Kleinen weiter hinein in den Busch. »Wir sehen uns heute mittag am *mudwallow*«, ruft er mir zu. »Daphne holt Sie ab in der Lodge.«
Daphne und ihre Tochter Jill haben ihr Versprechen gehalten und sind mit mir nach *Tsavo-East* gefahren. Einmal im Monat sind sie sowieso hier. Dann zahlen sie den *Keepern* ihren verdienten Lohn für den Rund-um-die-Uhr-Einsatz – und alle sechs Monate einen Bonus, wenn ein Pfleger seinen Job besonders gut gemacht hat. Sie lassen sich Bericht erstatten über die vergangenen Wochen im Busch und beraten sich gemeinsam mit den Pflegern, wenn es irgendwelche Probleme gibt. Sie

bringen neue Kleider, Flaschen oder Medikamente, sie haben Nachschub für die Milchmix-Getränke dabei oder auch mal gepreßten Kokosnuß-Kuchen als Zusatznahrung für die Waisen – so wie im letzten Jahr, als ein großes Feuer in *Tsavo-East* die ganze Gegend verwüstete.
Bevor sie wieder nach Nairobi fahren, schauen Daphne und Jill aber auch noch bei Stephen Gichangi vorbei, dem *Senior Warden* in *Tsavo-East*, und bei Samuel Kasiki, Wissenschaftler im *Research Center* des Nationalparks. Die beiden Frauen wissen, was sie ihnen und den Rangern verdanken, die hier auf Patrouille sind und den Park vor Wilderern schützen. Deshalb unterstützen sie dieses *anti-poaching* jedes Jahr mit einer beträchtlichen Spende. »Der Schutz der wilden Elefanten in Tsavo ist lebenswichtig für die Zukunft unserer Waisen«, betont Jill. »Deshalb ist uns das immer ein Extra-Geld wert.«

Die jährlichen Kosten

	Kenya Shilling
Gehälter und Uniformen für Keeper *und Patrouillen*	*2.000.000*
Futter für die Tiere	*500.000*
Fahrzeuge und laufende Kosten	*1.000.000*
Instandhaltung des Elektrozauns in Voi	*100.000*
Spende an den Kenya Wildlife Service *zur Unterstützung der Anti-Wilderer-Maßnahmen in* Tsavo-East	*2.000.000*
Ausgaben für die Aufzucht und Auswilderung von Nashorn-Waisen	*1.000.000*
Gesamtausgaben des David Sheldrick Wildlife Trusts	*6.600.000*

Umgerechnet in D-Mark* belaufen sich die jährlichen Kosten demnach zur Zeit auf ca. DM 245.000. *(* Kurs: 27 KSh = 1 DM; Stand: Januar 1995)*

Typisch für Tsavo: die rote Laterit-Erde

Während Jill sich an die Abrechnung der *Keeper*-Löhne setzt, kurvt Daphne mit mir im Geländewagen zum Wasserloch – ein schlammbrauner Tümpel inmitten kleiner roter Sandhügel, umgeben von dichtem Gebüsch, dahinter die geheimnisvolle Weite der afrikanischen Savanne. Wie leergefegt liegt die Graslandschaft jetzt da. *High Noon*: Wenn die Mittagssonne fast senkrecht vom Himmel sticht, verziehen sich sogar die sonst allgegenwärtigen Zebras und Antilopen an einen schattigen Döse-Platz. Auch die Touristen halten jetzt Siesta in einer Safari-Lodge. Daphne ist das nur allzu recht: »Die *orphans* sollen möglichst wenig Kontakt zu den Menschen haben. Sonst wird es später schwer für sie werden, Anschluß an die wilden Herden zu bekommen.«

Die Vorschule der Wildnis

Von der Rüsselbande ist immer noch nichts zu sehen. Ob OLMEG sie auf eine falsche Fährte geführt hat? »Ach wo«, lacht Daphne. »Elefanten haben einen phantastischen Orientierungssinn. Sie können Wasser auf weite Entfernung wittern und marschieren dann instinktiv in die richtige Richtung. So wie die *orphans* auch ihre *Keeper* wittern und gleich angetrabt kommen, wenn ihnen irgendwas nicht geheuer ist.«

Normalerweise halten sich die Männer 200 bis 400 Meter entfernt im Hintergrund, damit sich die grauen Busch-Babys allein zurechtfinden. Und falls die unternehmungslustige Schar mal außer Sicht kommt, muß einer der Pfleger auf den nächsten hohen Baum klettern, um sie zu orten – meist irgendwo in der Nähe einer wilden Herde. Anbahnungsversuche gibt es bereits genug, wie Daphne aus dem *Keepers' Diary* weiß, einem Tagebuch, in dem alle Kontakte mit den Tsavo-Elefanten gewissenhaft verzeichnet sind. Aber es hat gedauert, denn den kleinen Waisen sind die großen Wilden zunächst noch mächtig suspekt. Und hin und wieder setzt es tatsächlich einen energischen Rüsselhieb von einer verärgerten Mutter, wenn die fremden Spielgefährten zu übermütig mit ihrem Nachwuchs umspringen.

Als die Rüsselbande jünger war: 1991 ist von den Stoßzähnen noch nicht allzu viel zu sehen

Aus dem Tagebuch der Keeper

15.2.1992: *Um 6.35 Uhr trafen wir, gleich hinter dem Elektrozaun, 60 wilde Elefanten. Ein Kuh mit einem kleinen und einem größeren Kalb kam auf unsere* orphans *zu. Taru versuchte, das Kleine fortzulocken, aber das größere Kalb ging sofort auf ihn los. Bis die Elefantenmutter dazwischenging und Taru – aufgeregt trompetend – zu den anderen* orphans *zurückrannte.*

23.3.1992: *Eleanor und ihre Familie waren mit den* orphans *von 11.15 Uhr bis 17.07 Uhr zusammen – bis wir uns auf den Rückweg machten.*

7.4.1992: *Wir sahen etwa 150 wilde Elefanten mit vielen Jungen. Unsere* orphans *folgten ihnen für eine gute halbe Stunde – mit Ausnahme von Dika, Ndume und Ajok, die bei uns blieben.*

9.4.1992: *Wir trafen Eleanor, Lissa und Chuma, und besonders Olmeg war offenbar froh, mit ihnen gehen zu können. Nachmittags um 15.30 Uhr schlossen sich unsere* orphans *mehr als 50 wilden Elefanten an. Eleanor beobachtete das und schien sehr glücklich, daß die* orphans *immer öfter mit den wilden Elefanten zusammen sind.*

2.5.1992: *Heute um 17 Uhr trafen wir wilde Elefanten, vier von ihnen waren noch ziemlich jung. Mit einem von ihnen spielte Edo etwa 20 Minuten lang. Um 18.20 Uhr trafen wir 15 andere Elefanten nahe beim* mudwallow.

10.7.1992: *Wir trafen mehr als 80 wilde Elefanten, und Taru, Olmeg, Malaika, Dika, Ndume und Ajok verbrachten einige Zeit inmitten der Herde.*

23.9.1992: *Vor allem Taru liebt es, mit den wilden Elefanten zu gehen. Wir trafen eine Herde von sieben Tieren, und Olmeg und Taru spielten eine Viertelstunde lang mit den Kälbern. Taru folgte den wilden Elefanten zum* mudwallow, *aber Ajok blieb bei uns. Ihm geht es gut, und mit der Zeit wird er noch viel von den anderen lernen.*

6.5.1993: *Unsere* orphans *trafen auf einen Büffel, der im dichten Busch lag. Taru, der allein herumwanderte, versuchte, den Büffel zu jagen – bis der sich* *plötzlich umdrehte und auf* Taru *zulief. Sofort kamen* Olmeg, Dika *und* Ndume *dem armen* Taru *zur Hilfe. Sie stürmten durchs Gebüsch und trompeteten so laut und so lange, bis der Büffel stoppte und in die andere Richtung davonlief.*

Ende Oktober 1993: *Wir hatten unsere* orphans *gerade in die elektrische Umzäunung rund um die* Headquarters *gebracht, als ein alter Büffel außerhalb des Zauns von Löwen angefallen wurde. Zufällig war* Eleanor *mit ihrer Gruppe in der Nähe, und als sie den Lärm hörte, kam sie herbeigelaufen und verjagte die Löwen. Dann führte sie den Büffel langsam zum Zaun (immer noch in Drohhaltung gegenüber den Löwen, die sich wieder anschleichen wollten), trat den Elektrodraht entschlossen nieder und schubste den Büffel in die Umzäunung. Da war es bereits 21 Uhr.* Eleanor *wachte die ganze Nacht über bei dem verletzten Büffel, und am Morgen hatten sich die Löwen schließlich verzogen. Der Büffel aber war so schwer verletzt, daß er schließlich von den Männern des* Kenya Wildlife Service *erschossen werden mußte.*

14.1.1994: *Wir trafen* Eleanor, Lissa *und* Chuma *um 9.30 Uhr, und* Lissa *machte sich mit* Mpenzi *aus dem Staub. Sie marschierten etwa fünf Kilometer weit. Wir mußten auf einen Baum klettern, um zu sehen, wo sie waren, damit wir* Mpenzi *zurückholen konnten.*

17.8.1994: *Die* orphans *zogen um 6.25 Uhr mit* Eleanor *und einer anderen Gruppe von etwa 15 wilden Elefanten in den Busch.* Taru, Olmeg *und* Ndume *spielten mit wilden Kälbern, die ungefähr so groß waren wie sie.* Malaika *versuchte immer wieder,* Mpenzi *zu sich zurückzuholen, aber* Lissa *verscheuchte sie jedesmal.*

22.8.1994: *Nahe beim Flugplatz trafen wir auf wilde Elefanten, die ein zwei, drei Wochen altes Baby dabei hatten. In das schien* Dika *ganz vernarrt zu sein. Die wilden Elefanten kamen mit uns bis kurz vor das Gatter. Wir gingen mit den anderen* orphans *voraus und ließen* Dika *bei dem kleinen Baby. Er kam später nach.*

Es ist eine wundersame Annäherung, die dort draußen im Busch ihren Fortgang nimmt. Man stelle sich vor: Da sind die Grauen Riesen der Wildnis, die gerade hier in Tsavo noch vor nicht allzu langer Zeit die Hinterhältigkeit der Menschen aufs Grausamste erleben mußten. Und da sind die *orphans*, von Menschen aufgezogen, von ihnen tagtäglich begleitet. Wie sollen selbst die erfahrensten Matriarchinnen der wilden Herden ahnen, daß diese Menschen-Witterung eine andere ist als die, vor der sie jahrelang fliehen mußten?

Auch die große Eleanor, Matriarchin der Elefanten-Waisen von Tsavo-East, *nimmt es mit der Hautpflege sehr genau*

»Ohne ELEANOR«, davon ist Daphne Sheldrick überzeugt, »würde dieses Experiment nicht gelingen. Sie ist etwas ganz Besonderes – eine halbzahme Elefantenkuh, die sich mit ihren wilden Artgenossen ebenso gut versteht wie mit den Menschen.« Es bleibt ELEANORS Geheimnis, wie sie den Elefanten im Busch signalisiert, daß von den verdächtig menschlich angehauchten Waisen keine Gefahr ausgeht.

Mit fünf Jahren kam ELEANOR – auch sie eine Waise, deren Mutter mit einem vergifteten Pfeil erlegt wurde – zu Daphne Sheldrick und ihrem Mann David, damals Chef des Tsavo-Nationalparks. Als sie alt genug war für die Wildnis, entschied sie sich dennoch für ein Leben, in dem die Menschen auch weiterhin eine Rolle spielen sollten. »ELEANOR«, so Daphnes Vermutung, »schien ganz genau zu wissen, daß sie sich in einer fremden Herde der Leitkuh unterordnen müßte. Statt dessen nahm sie zwei-, dreijährige Elefanten-Waisen, die ich auch damals schon versorgte, wie eine Adoptivmutter an. Nun war sie die Matriarchin, hatte ihre eigene kleine Herde.« So ist es bis heute geblieben, und das, meint Daphne, mag auch der Grund sein, weshalb ELEANOR – inzwischen 36 und damit eine Elefantenkuh »in den besten Jahren« – noch nie ein eigenes Kalb zur Welt gebracht hat.

Menschlich, allzu menschlich

Stundenlang noch könnte ich Geschichten hören aus einer Welt, die nur acht Flugstunden von meinem Hamburger Schreibtisch entfernt ist und in der ich mich fühle wie auf einem anderen Stern. Ich habe nie vergessen, was Jill mir damals in Nairobi sagte: »Elefanten strahlen einen solchen Frieden aus, zeigen so ein soziales Verhalten, daß man sofort anfängt, über sich selbst nachzudenken.« Und tatsächlich kommt mir vieles ganz vertraut vor – menschlich, allzu menschlich –, wenn Daphne von den Waisen erzählt. Die gleiche Verantwortung und die gleichen Sorgen, wenn ein Eli-Kind krank wird, die gleichen Freuden, wenn einer wieder was dazugelernt hat, die gleichen Freund- und Feindschaften, wenn zwei sich sehr mögen oder jede Gelegenheit abpassen, um einen anderen mal eben kurz zu piesacken. »Achte nur mal drauf«, ruft mir Daphne noch zu, als sie aus dem Wagen steigt, weil der erste Waisenrüssel im Gebüsch auftaucht.

Zunächst kann ich auf gar nichts Besonderes achten. Ich habe reichlich damit zu tun, das Durcheinander von flappenden Ohren, pendelnden Rüsseln und stapfenden Beinen zu sortieren, das da aufs *mudwallow* zustürmt. Als hätten sie tagelang in der Wüste verbracht, lassen sie sich alle ins Wasser plumpsen, tauchen kurz unter,

Für alle der Höhepunkt eines heißen Tages: das erfrischende Schlammbad

den Rüssel wie ein U-Boot-Periskop an der Wasseroberfläche, prusten Glitzertropfen in die Sonne, lassen sich seitwärts wieder in den Modder platschen und bleiben liegen, als wär's das für heute – als wollten sie sagen: Mittags um halb eins ist die Welt total in Ordnung.

Oder doch nicht? Einer schleicht sich von hinten an und piekst seine Stoßzahnstummel in eins der schlammglitzernden Hinterteile. Ein Wasserschwall, dann steht der Attackierte und geht auf den Angreifer los. »*No pushing*, EDO«, ruft John warnend vom Ufer aus. »NDUME, nicht schubsen…« Und die beiden Streithähne gehorchen tatsächlich aufs Wort. Scheinbar etwas widerwillig, aber immerhin: Für eine Weile ist Waffenstillstand. Allerdings nur im Wasser. Am Ufer, auf dem roten Hügel drüben am Gebüsch, macht jetzt AJOK Randale, will MPENZI die Milchflasche aus dem Rüssel reißen. Aber Erustus, der *Keeper* mit den Rasta-Locken unter der blauen Mütze, verscheucht den Nimmersatt.

Pech für Ajok: Unterwegs bekommt nur noch Mpenzi von Erustus einen Flaschen-Drink

MPENZI ist wirklich süß. Bäuchlings liegt sie da im roten Sand, alle vier Stummelbeine von sich gestreckt. Aber AJOK tut mir trotzdem leid. Daphne hat recht: Als ob's ein Menschenkind wär… Kaum ist das Schwesterchen da, muß der Ältere die zweite Geige spielen. Klar, daß ihm das nicht paßt – mit vier Milchportionen weniger im Bauch als das Nesthäkchen. Und nicht nur das: Selbst die fünfjährige MALAIKA, früher AJOKS engste Freundin, hat kaum noch etwas für ihn übrig, sondern nur noch Augen für MPENZI. Aber ihr erhofftes Mutterglück ist nie von langer Dauer. Kaum taucht nämlich LISSA auf, bald acht Jahre alt und stets in Begleitung ihrer Ziehmutter ELEANOR, beginnt der Konkurrenzkampf um die Gunst des Wonneproppens mit den langen schwarzen Augenwimpern – und LISSA gewinnt immer öfter.

Auch OLMEG, sonst so mutiger Boß der Tsavo-Waisen, hat da so seine

Erfahrungen. Zu ELEANORS kleiner Familie gehört nämlich neben LISSA auch ein zweiter Waisen-Elefant: CHUMA, ihr Adoptivsohn. Die beiden waren von Anfang an keine Flaschenkinder mehr und nicht ständig auf die Pflege der *Keeper* angewiesen. Deshalb kamen sie in Tsavo gleich zu ELEANOR. Und das hieß: Heimvorteil gegenüber den Nachzüglern aus der *Elephant Nursery* – inklusive moralischer Unterstützung durch das mächtige Familienoberhaupt. Da schubste CHUMA, obwohl er etwa gleichaltrig war, den Neuankömmling OLMEG von Anfang an herum. Schließlich mußte ja klar sein, wer hier in Tsavo das Sagen hat… Für OLMEG offenkundig ein Gesichtsverlust – und das hat er CHUMA bis heute nicht verziehen. Ganz zu schweigen von der Tatsache, daß sich selbst TARU, sein Kumpan aus Nairobi-Tagen, inzwischen immer öfter an CHUMA hält. Kann man es dem armen OLMEG verdenken, wenn er den beiden von Zeit zu Zeit einfach mal eins auswischen möchte?

Lissa im Glück: Wenn die mächtige Eleanor dabei ist, kann sie sich ungestört der kleinen Mpenzi widmen

Wie eine junge Mutter kümmert sich Lissa um ihren Liebling Mpenzi – sehr zum Verdruß von Malaika

Alle wollen Mpenzi

Eleanors Schützlinge sind mittlerweile sehr selbständig und unabhängig geworden. Übernachteten Lissa und Chuma früher noch fast jeden Abend in den *Stockades*, wo Eleanor sie gut beschützt und versorgt wußte, so absolvieren sie dort jetzt nur noch eine abendliche Stippvisite. Nachts sind sie dann mit Eleanor auf der Elefanten-Piste, aber Lissa sorgt schon dafür, daß sie Olmeg & Co. am nächsten Tag wieder treffen. Schließlich will sie Mpenzi nicht allzu lange mit ihrer Rivalin Malaika allein lassen. Pfleger John hat es schon oft erlebt, daß Lissa morgens ein paar Locktöne von sich gibt. Sobald sie von den anderen *orphans* eine Antwort hört, kennt sie die Marschroute des Tages, und es dauert nicht lange, bis sie irgendwo aus dem Busch kommt und sich sofort auf ihren Liebling stürzt.

Als wäre es das Selbstverständlichste von der Welt, trabt Lissa auch heute am *mudwallow* schnurstracks Richtung Mpenzi. Die Kleine wird gerade von Erustus sorgfältig mit rotem Staub eingerieben, damit Sonne und Insekten der empfindlichen Haut nichts anhaben können. Malaika läßt unterdessen kein Auge von den beiden und schubst zugleich Ajok zur Ordnung. Der möchte sich nämlich nur zu gern zwischen Mpenzi und Erustus schieben. Wurde er doch vor nicht allzu langer Zeit auch noch von einem *Keeper* eingestaubt. Und das ist schließlich viel bequemer, als sich jede Sandladung selbst mit dem Rüssel auf den runzligen Rücken schaufeln zu müssen...

Kaum ist Mpenzis Rouge perfekt, turtelt Lissa mit der Kleinen, stupst sie vorsichtig mit dem Rüssel und stützt ihr den Kopf mit einem Vorderbein. Malaika ist abgemeldet und macht gar nicht erst einen Versuch, verlorenes Terrain wiederzugewinnen. Der Grund ist nicht zu übersehen: In gemessenem Schritt ist Eleanor der

aufgeregten LISSA gefolgt. Die Waisenschar meterhoch überragend, steht sie wie ein gutmütiger Goliath auf der Böschung und läßt sich Zeit, bevor sie den Rüssel zwischen ihren langen Stoßzähnen zum ersten Schluck ins Wasser taucht.
Hinter ELEANOR ist auch CHUMA auf der Bildfläche erschienen. Zur Begrüßung ein kurzer Rüsselstups für DIKA, der gerade auf einem großen Stein seinen Po hin- und herscheuert. Im Gegensatz zu EDO und NDUME, die ihr *pushing-match* unverdrossen auf dem Trockenen fortsetzen, schaut DIKA solchen Mutproben meist nur aus der Entfernung zu. Unter seinen extrem langen Augenwimpern sieht er sowieso nicht besonders kämpferisch, sondern fast ein wenig lasziv in die Welt – »wie Greta Garbo«, meint John. Und CHUMA ist hier dann wohl Gary Cooper? Jedenfalls stapft er mit TARU, kaum, daß er ihn entdeckt hat, so entschlossen ins Wasser wie ein Cowboy in den nächsten Saloon. Dann suhlen sich die zwei ordentlich im Schlamm, die Rüssel immer mal wieder freundschaftlich ineinander verschlungen. OLMEG hält sich da einstweilen raus, schubbert sich oben am Ufer lieber ausgiebig den Bauch, die Ohren leicht aufgestellt – für Daphne ein untrügliches Zeichen, daß er die beiden Tümpel-Kumpel genau im Auge behält. Dann wird es ihm wohl doch zu dumm – und zu heiß. Er rutscht über die sandige Böschung ins Wasser, dreht CHUMA aber demonstrativ sein Hinterteil zu. »MEGGIE und CHUMA testen dauernd aus, wer von beiden denn nun wirklich der Stärkere ist«, erklärt mir Daphne. »Im Augenblick, sagen die *Keeper*, hat CHUMA wieder die Oberhand. Aber das kann sich schnell ändern.« Eine halbe Stunde lang planschen, prusten und pulvern die Elefanten-Kids nun schon rund ums Wasserloch. John,

Ein kurzer Ringkampf gehört bei jungen Bullen immer mal wieder dazu – wie hier bei Ndume und Taru

Abmarsch in Richtung Nachtquartier

Erustus und Peter drängen zum Aufbruch. Zwar bleibt mehr Zeit als sonst zum Spielen, denn das frische Grün ist in diesen Wochen für jeden Rüssel zum Greifen nah. Doch Disziplin muß eben sein, und zum täglichen Pflichtprogramm gehört der Nachmittagsspaziergang. ELEANOR weiß das und macht sich ebenfalls zum Abmarsch bereit – allerdings nicht, ohne sich mit einem sanften Rüsselschwenk von ihrer langjährigen Freundin Daphne zu verabschieden.

Als die Dämmerung sich ankündigt in *Tsavo-East*, warten wir am Nachtquartier auf die Rückkehr der Waisen. Das frische Grün lehnt aufgestapelt am Gatter; den Elefantendung der vergangenen Nacht haben die *Keeper* eingesammelt. Daphne und Jill werden ihn mit nach Nairobi nehmen – für EMILY, mit gerade mal vier Monaten zur Zeit das jüngste Waisenkind in der *Nursery*. Die Rüsselbabys müssen regelmäßig ein wenig frischen Dung verdauen, denn das stärkt ihre Magenflora – ganz wie in der freien Wildbahn. Da im Nairobi Nationalpark jedoch keine wilden Elefanten leben, kommt der Nachschub aus *Tsavo-East*.

»Es ist wichtig, daß die Elefanten uns mögen«

Auch Thomas, einer der *Keeper*, wird diesmal mitfahren nach Nairobi; sein Job in der Wildnis ist für ein paar Wochen vorbei. Und er freut sich, daß er die kleine EMILY wiedersehen wird. Ist sie doch sein Lieblingselefant, weil er sie damals, im Oktober, in der *Nursery* in Empfang genommen und sich intensiv um sie gekümmert hat. »Es ist wichtig, daß die Elefanten uns mögen«, sagt Joseph, der das Nachtlager vorbereitet hat. »Sonst würden sie vielleicht weglaufen im Busch, und wir könnten sie nicht wiederfinden. Und wenn die *orphans* größer sind, könnten sie uns ja auch mal gefährlich werden, wenn sie auf uns wütend wären.«

Unnütz, darüber nachzudenken. Wenn diese Pfleger den Kleinen nicht genehm sein sollten, wer dann? Als OLMEG den Weg hinaufstürmt, die anderen mit schnellem Zuckelschritt im Gefolge, muß sie kein »Tschuup, tschuup, tschuup …!« mehr antreiben. AJOK streckt Joseph den Rüssel entgegen wie einem lang vermißten Freund – der umfaßt ihn mit beiden Händen und pustet hinein. AJOK schnieft vorsichtig zurück, zieht den Rüssel wieder ein – da bin ich, alles klar! – und stürzt auf Atanash zu. Der hat die Milchflaschen im Arm. Oder besser: Er hatte sie im Arm. Endlich darf AJOK die heißersehnte Flasche leergurgeln, und auch MPENZI nuckelt gierig an ihrer Abendration. Die älteren Waisen stehen unterdessen rund ums Wasserloch der *Stockades*, füllen sich Liter um Liter in die Bäuche.

Es ist schlagartig dunkel geworden, und der Trupp bequemt sich endlich in die Gatter: MALAIKA und

Für Mpenzi ist der Rüsselgriff zur Flasche immer noch der schönste Lohn nach einem langen Marsch

Olmeg und Co. verbringen die Nacht im sicheren Freiluft-Gatter – und die Keeper *schlafen gleich nebenan*

MPENZI ins Separée, damit der eifersüchtige AJOK nicht auf dumme Gedanken kommt, TARU getrennt von OLMEG – man kann ja nie wissen...
Die *Keeper* könnten jetzt ihre Uhr nach den Waisen stellen. Jeden Abend das gleiche Programm, sagt Joseph: »Erst fressen sie bis neun, dann ist zwei Stunden Ruhe, danach fressen sie noch mal – so bis Mitternacht – und wachen später um vier wieder auf. Nur an den Tagen, an denen sie ein verschärftes Lauftraining hinter sich haben, da sind sie erst um fünf wieder munter.«
Ihre Betreuer schlafen in einem Flachbau nebenan, hören aber sofort, was los ist. Sie kommen raus, wenn sich zwei im Gatter dauernd herumschubsen oder wenn einer nachts weint – so wie damals NDUME, als er ankam in Tsavo und den Tod seiner Mutter noch nicht verwunden hatte. »Manchmal träumen sie auch nur«, erzählt Joseph, »oder sie spielen. Wir können das genau unterscheiden und wissen, wann sie uns brauchen oder nicht.«
Und wie wird es sein, wenn die Waisen einmal zwölf oder dreizehn Jahre alt sind, groß genug für die Wildnis und für die Herden da draußen im Busch? »Dann werden wir bestimmt sehr traurig sein«, meint Joseph, »aber wir müssen schon jetzt an die Zeit denken, wenn uns die *orphans* verlassen.« Denn das macht Daphne Sheldrick allen *Keepern* von vornherein klar: »Eines Tages *goodbye* zu sagen, ist die härteste Aufgabe, wenn man Tier-Waisen großzieht – doch es ist vielleicht auch die wichtigste, um wirklich erfolgreich zu sein: Kein wildes Tier kann dir jemals ganz ›gehören‹. Es sind freie Geschöpfe und nur so lange in deine Obhut gegeben, bis sie für sich selber sorgen können.« Trotzdem, sagt Joseph, und es klingt sehr tapfer, »werde ich sie immer in meinem Herzen behalten«.

Kapitel 3

WIE ALLES ANFING

Eine Farm im Rift Valley, Ende der dreißiger Jahre: Ein kleines Mädchen sitzt zwischen lauter drolligen Katzenbabys und hat die Welt um sich herum vergessen – die weiten Felder der elterlichen Farm, das Buschland und die Grassavannen, die Wolkentuffs am ewigblauen Himmel, vor denen Flamingos vorüberschweben auf ihrem Weg zum nahen Nakuru-See. Tiere kennt und liebt die Kleine, seit sie denken kann. Da sind die Rinder, Schafe und Pferde der Familie, die vor Jahr und Tag aus Südafrika hierher nach Kenia gekommen ist, da sind aber auch die vielen Tier-Waisen, die die Farmarbeiter unterwegs gefunden haben und mit ins Haus bringen. Zu jener Zeit ist das ostafrikanische Land noch längst nicht so dicht besiedelt wie heute, und in der Umgebung der Farm leben so viele Wildtiere, daß man sich dort vorkommt wie in einem Nationalpark unserer Tage.

Zwei, die sich gut verstehen: Ndume und Malaika in der Nursery *von Nairobi*

Das Mädchen heißt Daphne und ist noch nicht ganz vier Jahre alt, da vertrauen ihm die Eltern das erste Waisenbaby an – eine Antilope, die bald auf den Namen »Bushy« hört. Seit dieser Zeit kümmert sich Daphne um immer neue Tierkinder, die sonst nur allzu schnell ein Opfer von Löwen oder Hyänen geworden wären, und sie entläßt sie in die Freiheit, wann immer sie sich von allein in die Wildnis wagen. Was sie tun oder besser lassen sollte, kann sie noch nicht in schlauen Büchern nachlesen, denn das Verhalten vieler Tierarten ist noch zu wenig erforscht. Das meiste muß Daphne selbst herausfinden. Und sie schafft es, mit unermüdlichem Einsatz, ausgeprägter Beobachtungsgabe – und mit viel Intuition. Was hat sie beispielsweise im Laufe ihres Lebens nicht alles versucht, um für jede Tier-Waise das richtige Futter zu mischen, für Zebras oder Impalas, für Straußenkinder oder Mangusten, Warzenschweine oder Wildkatzen. Und sie hat viel gelernt.

Park Warden David Sheldrick: ein Leben für Tsavo-East

Nicht durch wissenschaftliche Studien, sondern durch ihre Fehler: »Ich bin keine Chemikerin, ich bin ein praktischer Mensch.«

Tsavo-East, 1955–1976: Ihr wahres Verständnis für die großartige Natur verdankt Daphne vor allem einem Menschen – David Sheldrick, seit 1949 Chef im neugegründeten Tsavo-Nationalpark. Länger als 20 Jahre lebt sie hier mit ihm, zunächst als seine Mitarbeiterin in der Parkverwaltung, später, nach ihrer Scheidung von Jills Vater, heiratet sie David und zieht mit ihrer Tochter zu ihm. Und wie schon Daphne in ihren Kindertagen lebt auch die kleine Jill bald zusammen mit vielen Tierkindern – damals wie heute allein gelassen in der Wildnis, zu Waisen geworden durch Wilderer, Löwen oder eine ungewöhnlich lange Trockenzeit. So zieht Daphne neben Dikdiks, Elen-Antilopen, Buschböcken und Zebras unter anderem auch 23 Büffel groß, und selbst mehrere Nashörner verdanken ihr das Leben.

Viele ihrer Schützlinge vergessen Daphne auch dann nicht, als sie längst wieder in Freiheit leben, schauen immer mal wieder für einen kurzen Besuch vorbei, führen ihren Nachwuchs vor. Und irgendwann beginnt Daphne zu verstehen: die Gefühle der Tiere und ihre Gedanken, die Freundschaften und Familienbande, die Art und Weise, wie sie sich ohne einen Laut untereinander verständigen – mit der Körperhaltung und der Stellung des Kopfes, mit der Neigung der Hörner oder dem Ausdruck der Augen. »Je mehr ich von den Tieren lernte«, erinnert sich Daphne, »desto klarer wurde mir, wieviel ich noch nicht von ihnen wußte. Wie arrogant ist es doch, wenn wir Menschen glauben, über allen anderen Lebewesen zu stehen, wenn wir meinen, diesen ›niederen Wesen‹ jedes Gefühl, jede angeblich so menschliche Regung absprechen zu müssen.«

Ob Zebra, Dikdik oder Büffel – Daphne Sheldrick zieht seit Jahrzehnten verwaiste Tiere auf

Es sind vor allem die Elefanten, die Daphne nachdenklich stimmen. Allein schon ihr Lebenslauf – die lange Abhängigkeit der Kleinen von der Fürsorge der Mutter, das Alter, in dem sie in die Pubertät kommen, die natürliche Lebenserwartung von 65, 70 Jahren (wenn der Mensch sie denn so alt werden läßt) –, aber auch ihre Intelligenz und ihr Gedächtnis, ihr Sozialverhalten und ihre Sensibilität, all das läßt Daphne zu der Überzeugung kommen: »Elefanten aufzuziehen, das ist, als ob man Kinder hätte.«

Das Problem mit der Muttermilch

SAMSON und FATUMA sind die ersten Elefanten-Waisen, die Daphne in Tsavo auf dem Weg ins Leben begleitet. David Sheldrick schätzt ihr Alter auf etwa 14 Monate, als Lodge-Arbeiter ihn zu einem Wasserloch bringen, wo die beiden herumirren. Er wartet noch zwei Tage, aber es herrscht extreme Trockenheit, und die

Herde, so vermutet er, wird wohl allein weitergezogen sein. Da beschließt David, es auch mit diesen Waisen zu versuchen. Ein Glück, daß sie schon alt genug sind, um auch ohne Muttermilch durchzukommen. Im Laufe der Jahre kümmert sich Daphne um mehr als ein Dutzend Elefantenkinder – aber die Erfahrung zeigt: Es überleben stets nur die, die den ersten Geburtstag bereits hinter sich haben. Alle Versuche, jüngere Babys großzufüttern, scheitern. Ohne die Milch ihrer Elefantenmütter scheinen sie rettungslos verloren – und ihr Magen ist offenbar so empfindlich, daß er jede andere Milch verweigert.

Nur BUKANEZI, gerade ein Jahr alt, übersteht diese kritische Phase. Daphne gelingt es unter großen Mühen, ihm Getreideflocken oder handverlesenes Grünzeug einzutrichtern und ihn so gerade eben am Leben zu erhalten. Doch ob sie es auch ohne ELEANOR geschafft hätte? Eigentlich wäre die junge Elefantenkuh, die bereits seit einigen Jahren bei ihnen in Tsavo lebt, inzwischen alt genug, um sich einer wilden Herde anzuschließen. Aber sie spürt wohl, daß BUKANEZI, bei aller Menschenliebe, auch einen starken Rüssel braucht. Jedesmal, wenn dem Kleinen vor Schwäche die Beine wegsacken, schafft ELEANOR ihn wieder in die Höhe und stützt ihn so lange, bis Daphne ihm noch etwas mehr Glukose und Porridge eingeflößt hat. Und eines Tages hat sich BUKANEZI, auf deutsch etwa: »der kleine Schwache«, eigentlich einen anderen Namen verdient. Mit zwölf Jahren ist er ein starker junger Bulle, der normalerweise nun seinerseits mit anderen Elefanten-Männern in den Busch ziehen würde. Doch BUKANEZI bleibt – voller Dankbarkeit für ELEANOR, die ohne ihn ganz allein sein würde, weil mittlerweile alle anderen Elefanten-Waisen vom Haus der Sheldricks den Weg in die Freiheit gefunden haben.

Daphne hat die Hoffnung noch nicht ganz aufgegeben. Vielleicht gibt es ja doch ein Rezept, um auch die ganz kleinen Elefantenbabys zu retten –

Elefantenbabys suchen stets den Kontakt zur Mutter – oder zu einem der Pfleger …

solche Winzlinge wie AISHA, gerade mal ein paar Wochen alt, als sie aus Marsabit zu den Sheldricks gebracht wird... Kuhmilch, das weiß Daphne inzwischen, verträgt ein kleiner Elefantenmagen nicht. Aber nur mit Getreideflocken, ganz ohne Milch, wird AISHA nicht durchhalten können – auch das ist Daphne klar. Verzweifelt muß sie mit ansehen, wie AISHA schwächer und schwächer wird. Schließlich reichen ihre Kräfte nicht einmal mehr aus, um von allein auf die Füße zu kommen. »Vielleicht sollten wir sie erschießen«, meint David schließlich, der nicht mehr mit ansehen kann, wie beide leiden – Daphne genauso wie AISHA. Aber ein Blick genügt, und er weiß, daß er einen Satz zuviel gesagt hat.

Ganz ohne Milch kann kein kleiner Elefant überleben. Aber es hat Jahre gedauert, bis Daphne Sheldrick die richtige fand

Freude und Trauer um Aisha

Als Daphne in ihre Küche zurückgeht, starrt sie noch einmal auf das Bord mit den vielen verschiedenen Dosen. Was hat sie nicht schon alles ausprobiert! Ihr Blick fällt auf eine Büchse, die ihr jemand erst vor einigen Wochen gegeben hat: *Similac*, ein Spezial-Produkt für Menschenbabys, die die Muttermilch nicht vertragen. Dieses Pulver enthält hauptsächlich pflanzliches Fett – größtenteils Kokosnußöl. Und das, so hat Daphne neulich erst gehört, soll dem Fett in der Elefantenmilch am ähnlichsten sein. Diesen einen Versuch will sie noch machen: Vielleicht ist doch noch nicht alles verloren?

Das Rezept funktioniert, und Daphnes Freude kennt keine Grenzen. Offenbar hat sie die richtige Flaschennahrung gefunden. AISHA gewinnt an Gewicht, ihre Haut wird weich, und sie beginnt zu spielen – bei kleinen Elefanten ein untrügliches Zeichen, daß sie ihren Lebensmut wiedergefunden haben. »Gut gemacht, *my darling*«, sagt David, als er AISHA nach ein paar Tagen durch den Garten toben sieht. »Ich glaube, jetzt hast du es geschafft.« Und in diesem Moment ist der ganze Streß

Der Klippschliefer, häufig anzutreffen in Tsavo-East, *galt unter Zoologen lange Zeit als nächster Verwandter des Elefanten*

der vergangenen Wochen vergessen. »Könnte es sein«, fragt sich Daphne, »daß ich die Lösung jenes Rätsels gefunden habe, das mich fast zwanzig Jahre lang beschäftigt hat?« Sie mag es kaum hoffen, aber zum ersten Mal, so Daphne, ist »diese Hoffnung sehr lebendig«.

Sechs Monate lebt die kleine AISHA Tür an Tür mit den Sheldricks, von Daphne umsorgt und geliebt, als wär's ihr eigenes Kind. Bis es zu spät ist. Zu spät, um vieles anders zu machen, was Daphne erst klargeworden ist, nachdem sie AISHA an einem Seerosen-Teich, nicht weit von ihrem Haus entfernt, begraben mußte.

Was wußte Daphne nicht schon alles über Elefanten … – doch bei ihren Babys ist alles noch ein bißchen anders. Zum Beispiel der Stuhlgang. Daphne konnte ja nicht ahnen, daß es Elefanten da ähnlich ergeht wie Menschenkindern: Während der ersten Lebensmonate haben sie noch keine Kontrolle über ihre Darmtätigkeit. Als AISHA bis zu zwölfmal am Tag sehr flüssigen Stuhlgang hatte, glaubte Daphne an chronischen und deshalb gefährlichen Durchfall, wie sie es bei anderen Tieren erlebt hatte. Doch diese Diagnose trifft bei Elefanten nicht zu, und ebenso stellte sich heraus, daß die Therapie falsch war: Ein sensibler Eli-Babymagen verträgt Medikamente, die oral verabreicht werden, nur sehr schlecht – so auch die Antibiotika, die die ängstliche Daphne ihrer AISHA eintrichterte.

Und Daphne wußte einfach nicht, daß man Elefantenbabys nicht allein lassen darf. Da konnte Daphne die kleine AISHA auch nicht austricksen, indem sie nachts stets eins ihrer Kleider im Stall ließ… Dieser Hauch von Daphne war dem Elefanten-Mädchen nicht genug, denn es hing inzwischen mehr an ihr als an irgend jemandem sonst. »Daß sie derart auf mich fixiert war, hätte ich nicht hinnehmen dürfen«, schreibt Daphne später allen ins Stammbuch, die vielleicht einmal in eine ähnliche Situation kommen könnten. »Obwohl ich einen kompetenten Elefanten-Sitter holte, als ich AISHA für wenige Wochen verlassen mußte, grämte sich die Kleine buchstäblich zu Tode.«

»Tiere sind unser Leben«

Dann, im Jahre 1976, vorerst der letzte Abschied in *Tsavo-East* – der Abschied von *Tsavo-East*. David Sheldrick wird nach Nairobi versetzt. Dort stirbt er nur sechs Monate später an einer Herzattacke. Daphne und Jill sind allein. Ihr einziger Trost: Daphne bekommt die Erlaubnis, am Rande des Nairobi Nationalparks ein Haus zu bauen. Und sie gründet den *David Sheldrick Wildlife Trust*, um das Lebenswerk ihres verstorbenen Mannes fortzusetzen. Die Arbeit für den Trust, das ist ihr »Beitrag zum Tierschutz«, denn: »Tiere sind immer unser Leben gewesen.« Es ist eine kleine Organisation, ausschließlich durch Spenden finanziert, aber Daphne weiß um die Vorteile gegenüber jenen großen Institutionen, die zwar mehr Geld haben, aber auch eine kompliziertere Verwaltung: »Wenn ein *Warden* in einer

Afrika pur: Tsavo ist ein idealer Lebensraum für wilde Tiere – auch und gerade für Elefanten

schwierigen Situation Hilfe braucht oder wenn ein Tier in Not ist, dann können wir schnell handeln. Das ist das, was David immer gewollt hat. Er fand es damals in Tsavo so frustrierend, erst lange Reports schreiben zu müssen, um dann irgendwann Geld zu bekommen.«

Olmeg und Chuma – zwischendurch zeigen sich die Konkurrenten auch einmal freundschaftlich verbunden

Daphne hat sich bereits mit dem Gedanken abgefunden, hier in Nairobi wohl keine Tier-Waisen mehr aufziehen zu können so wie in Tsavo – und schon gar nicht diejenigen, die sie so sehr in ihr Herz geschlossen hat: die Elefanten. Aber das Leben geht weiter, auch ohne David. Und sie vertraut auf den Satz, den ihr die Großmutter mit auf den Weg gegeben hat: »Wenn sich irgendwo eine Tür schließt, wird sich eine andere öffnen.«

Kapitel 4

DER WAISEN-KINDERGARTEN VON NAIROBI

So zärtlich kann ein Nashorn-Junge sein: Sam schmust mit dem Elefanten-Mädchen Malaika

Nairobi, im März 1987. Bei Daphne Sheldrick klingelt das Telefon. Was sie in dieser Minute noch nicht weiß: Es soll einer jener Anrufe werden, nach denen nichts mehr ist, wie es vorher war. Nach denen man sich später fragt: Was wäre, wenn niemand den Hörer abgenommen hätte? Wenn du ein paar Tage im Urlaub gewesen wärst? Doch Daphne ist zu Hause, hört die Stimme des Direktors vom *Wildlife Department*: »Sie haben ein Elefantenbaby in die *Maralal Safari Lodge* gebracht. Die Mutter ist tot, und der Kleine ist in einem schrecklichen Zustand. Er braucht Hilfe, ganz schnell... Wollen Sie es noch einmal mit einem kleinen Waisen-Elefanten versuchen?«

Daphne überlegt nicht lange, läßt alles stehen und liegen, macht sich auf den Weg in die Stadt. Sie weiß: Es gibt nur eine einzige Chance für das Baby – das Milchpulver *Similac*, das der kleinen AISHA das kurze Leben gerettet hat. Aber Daphne kann es nirgendwo bekommen. Bis ihr jemand den entscheidenden Tip gibt: »Dann probier' es mit *SMA Goldcap*.« Doch auch von diesem Pulver gibt es in Nairobi nicht genug Vorrat...

Wieder einmal ist Daphnes Organisationstalent gefordert. Ein Telegramm nach England, an *Wyeth Laboratories*, den Hersteller von *SMA Goldcap*: Bitte sofort liefern – stop. Dann ein Charter-Flugzeug, das die Elefanten-Waise aus dem Norden Kenias nach Nairobi bringt. Aber ein Stall für den Kleinen? Der einzige Verschlag im Garten ist schon besetzt. Seit neun Monaten lebt nämlich doch wieder eine Tier-Waise bei Daphne in Nairobi – SAM, ein Nashorn-Junge aus der Mara. Und bei SAM wohnt auch Schaf BOOZIE, sein bester Freund. Wohin also mit dem neuen Findling? Jill Woodley wäre nicht die Tochter einer Daphne Sheldrick, wenn sie nicht spontan ihr Schlafzimmer für den Neuankömmling räumen würde. Es ist offenbar eine Rettung in letzter Minute: Was sie da ganz vorsichtig aus dem Flugzeug holen, entpuppt sich als ein Häufchen graues Elend – ausgetrocknet, mit Sonnenbrand auf den empfindlichen rosa Ohren, mit einer Nabel-Infektion und entsetzlichem Durchfall. Die Leute in der *Safari Lodge* meinten es ja nur gut, als sie dem Kleinen Milch gegeben haben und rohe Karotten – doch es ist ihm denkbar schlecht bekommen…

Das Elefantenbaby scheint höchstens drei Wochen alt zu sein, aber wie viele Stunden voller Lebensangst hat es schon hinter sich? Seine Herde muß in Panik davongestürmt sein vor einer der bewaffneten Wilderer-Banden, die zu dieser Zeit in Kenia unter den Elefanten wüten wie die Berserker. In dem ganzen Durcheinander fiel das verschreckte Elefantenkind in einen tiefen Graben – unter der unbarmherzigen Sonne dem Tod bald näher als dem Leben.

Kaum zu glauben, daß das hilflose Bündel den Transport nach Nairobi noch überstanden hat. Daphne und Jill taufen es OLMEG, und der ist bald »mehr als ein *full-time-job*« für sie. Rund um die Uhr sind die Frauen damit beschäftigt, die richtige Milch zu mixen, den Kleinen Tag und Nacht alle drei Stunden zu füttern, mit ihm herumzulaufen und seine lädierte Haut zu schützen – mit unglaublichen Mengen an *sunblocker* und zusätzlich noch mit einem Sonnenschirm.

Die Keeper *halten Wache, wenn ein kleiner Waisen-Elefant nach seiner Rettung total erschöpft im Stall liegt*

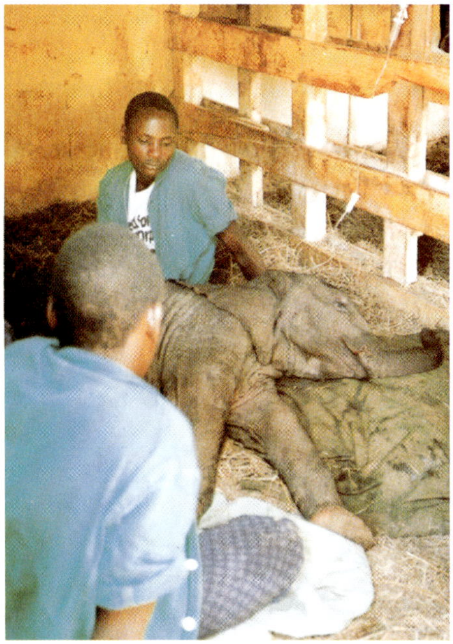

Jill kann wenigstens ihr Schlafzimmer wieder beziehen, weil ein guter Freund der Familie in kürzester Zeit neben dem Sheldrick-Haus einen neuen Stall gebaut hat. Aber eins steht fest: Es müssen verläßliche Pfleger her – *Keeper* für Rhino SAM und vor allem für OLMEG, der nicht zu sehr an Daphne und Jill hängen soll. Sie können nun mal nicht ununterbrochen in der *Nursery* anwesend sein, und weil Daphne das Schicksal von AISHA nur zu schmerzlich in Erinnerung hat, engagiert sie einige Wakamba-Männer. Die haben, das weiß sie aus Erfahrung, eine engere Beziehung zu wilden Tieren als Leute aus der Stadt. Doch den neuen *Keepern* sind die Elefanten reichlich fremd. Die meisten von ihnen haben die Grauen Riesen noch nie aus der Nähe gesehen, geschweige denn: mit ihnen Tuchfühlung gehabt. Für Daphne spielt die »mangelnde Berufspraxis« bis heute keine große Rolle. Hauptsache, die kleinen Elefanten kommen gut mit ihren *Keepern* aus. Wenn die Chemie jedoch nicht stimmt, wenn sich ein junger Mann nicht auf das Leben und die Bedürfnisse der grauen Waisen einlassen kann, muß er spätestens nach einem Monat Probezeit wieder gehen. Aber das entscheidet nicht Daphne, das entscheiden die Elefanten…

Olmeg hat sich prächtig erholt: Als er nach Tsavo-East *übersiedelt, scheint er seine bösen Erfahrungen völlig vergessen zu haben*

Der Tag, als Taru kommt

Während draußen im Busch der Krieg weitertobt, das grausame Schlachten der Wilderer auf der Jagd nach dem »weißen Gold«, hat OLMEG seinen Lebensmut wiedergefunden. Behütet und umsorgt verbringt er in der *Nursery* seine ersten Lebensmonate, gewinnt an Gewicht und träumt immer seltener von dem furchtbaren Massaker, das ihn von seiner Familie getrennt hat. Seine *Keeper* merken allmählich genau, wann ihn die Erinnerung quält, denn nachts schläft immer einer neben ihm im Stall, damit sich der Kleine stets vergewissern kann, daß er nicht noch einmal allein gelassen wird.

Dann der Tag, als TARU kommt: offenbar auch ein Waisen-Elefant, denn der Kleine taperte in *Tsavo-East* unweit der *Mackinnon Road* mutterseelenallein umher. Allzu schlecht sah er noch nicht aus, doch weil er höchstens drei Monate alt war, brauchte er dringend Milch. Das einzige Problem hieß ELEANOR. Sie hatte TARU bei den *Headquarters* des Parks entdeckt und wollte ihn nicht wieder »freigeben«. Nur mit viel Geschick – und noch mehr frischen Orangen – schafften es die Ranger, ELEANOR von TARU abzulenken und den Kleinen auf einem offenen Lastwagen nach Nairobi zu verfrachten.

OLMEG hat sich inzwischen von seinem Trauma erholt. Mehr noch: Er betrachtet die *Elephant Nursery* inzwischen als sein heimatliches Revier und markiert gleich den kleinen Boß, kaum, daß TARU sich und seine neue Situation richtig sortiert hat. Aber der trägt's mit Fassung. Zumal er genau zu wissen scheint, daß sich in der Elefanten-Hierarchie alles nach dem Alter richtet. Und da hat ihm OLMEG nun mal sechs ganze lange Monate voraus; immerhin kein Pappenstiel für diese Rüssel-Pökse, die noch nicht mal ein Jahr alt sind...

Als OLMEG und TARU dann ihren ersten Geburtstag hinter sich haben, fällt Daphne ein ganzer Steinbruch vom Herzen. Noch nie zuvor ist es gelungen, einen Elefanten-Winzling wie OLMEG mit der Flasche großzuziehen. Jetzt ist es geschafft: Die grauen Zwerge haben sich prächtig entwickelt, wissen inzwischen sogar, wozu der Rüssel gut ist, und können allmählich lernen, nicht mehr nur am Flaschenschnuller, sondern auch am frischen Grün der Bäume zu knabbern. Jeden Tag trotten sie mit ihren *Keepern* in das nahe Dickicht, von Daphne und Jill nur noch in gebotenem Abstand beobachtet. Sie haben sich bewußt für die Rolle eines *supervisor* entschieden, überlassen es den Pflegern, den Kleinen die Familie zu ersetzen. Und das Experiment funktioniert.

Was Olmeg und Taru gefallen hat, genießt in Nairobi jetzt die kleine Emily: Zwei Pfleger sind ständig für sie da

Die jungen Männer schaffen sich mit wahrer Begeisterung in die ungewohnte Aufgabe, murren nicht über das Strohlager in der Nacht und sind tagsüber mit endloser Geduld dabei, OLMEG und TARU mit Bällen, dem Schlauch eines alten Autoreifens und Sandmassagen bei Laune zu halten – ungläubig bestaunt von einem faszinierten Publikum, das sich mittags zum *mudwallow* in Daphnes Vorgarten einfindet. Die *Elephant Nursery* von Nairobi als neue Touristenattraktion in der kenianischen Hauptstadt, das heißt aber zugleich: dringend benötigte Eintrittsspenden für Daphnes Waisen-Kindergarten und für den Außenposten in *Tsavo-East*, zukünftige Heimat für OLMEG und TARU, die bei ELEANOR das richtige Elefantenleben lernen sollen.

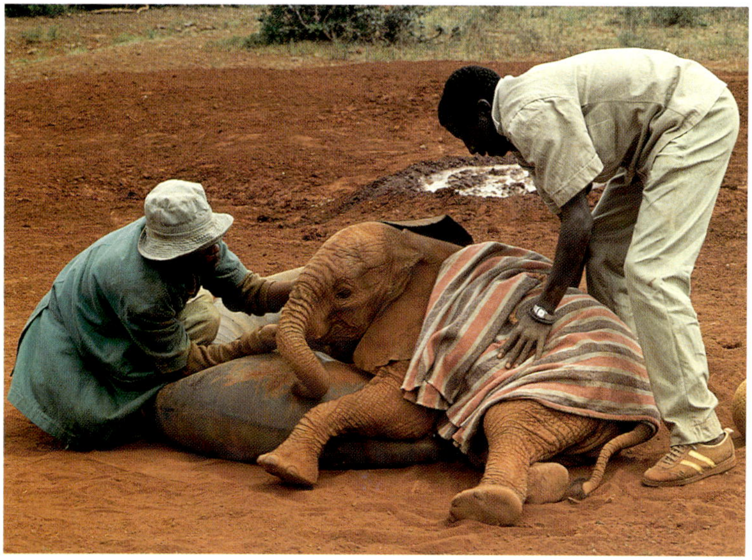

Nachtfahrt mit einem Rüssel im Rücken

Nairobi, im Dezember 1988. OLMEGS zweiter Geburtstag ist nicht mehr weit, und auch Taru scheint fit genug für den Umzug vom Waisen-Kindergarten in die Vorschule der Wildnis. Daphne und Jill treffen bereits die wichtigsten Vorbereitungen und machen sich mit dem Gedanken an ein Leben ohne die kleinen Grauen vertraut. OLMEG und TARU werden ihnen sehr fehlen, das wissen sie schon jetzt. Doch sie dürfen zur Abwechslung einmal wieder ganz an sich denken, müssen nicht mehr dafür sorgen, daß zumindest eine von beiden im Haus ist, falls etwas Unvorhergesehenes passiert. Sie planen bereits den seit langem ersten gemeinsamen Urlaub, da klingelt das Telefon. Und wieder einmal ist alles anders, als es eben noch schien…

Die Nachricht kommt auch diesmal aus Tsavo, wo zu dieser Zeit schlechtbezahlte und dürftig ausgerüstete Ranger kaum etwas ausrichten können gegen die straff organisierten Wildererbanden mit ihren schnellen Fahrzeugen, ihren Maschinengewehren und Motorsägen. Gerade haben sie wieder eine Herde abgeschlachtet, die Stoßzähne herausgefräst und in Windeseile abtransportiert. Den winzigen Elefanten, der das grausame Gemetzel mit ansehen muß, haben die Wilderer nicht im Visier. Warum auch? Er liefert ja noch kein Elfenbein…

Lissa Ruben, eine Freundin von Daphne und Jill, holt das total verstörte Elefantenkind in Jills rotem R 5 nach Nairobi. Eine Nachtfahrt, die sie nie vergessen wird:

Wie alle Elefantenbabys muß Dika erst lernen, daß er den Rüssel auch zum Trinken benutzen kann

»Die Sitzbank war heruntergeklappt, so daß der Kleine stehen konnte, aber auch genug Platz hatte, um sich hinzulegen. Wenn er stand, spürte ich seinen Rüssel in meinem T-Shirt; vielleicht verschaffte ihm die Wärme meines Rückens wenigstens ein bißchen Trost. Von Zeit zu Zeit tastete sich der weiche Rüssel bis zu meinem Gesicht vor, berührte ganz sanft mein Auge, mein Ohr und dann wieder meinen Nacken.«

Sie nennen ihn DIKA – nach den *Dika-Plains* seiner Heimat Tsavo. Aber vier Monate lang sieht es fast so aus, als würde er sich nicht mehr von seinem schweren Schock erholen. Bis OLMEG und TARU gelingt, was die Menschen beim besten Willen nicht geschafft haben: Die beiden Kumpel sind inzwischen so gut drauf, daß sie den todtraurigen DIKA mit ihrem unbändigen Lebensmut anstecken. Vor allem OLMEG scheint es dem Kleinen angetan zu haben. Immer öfter läuft er hinter ihm her, voller Bewunderung für den »großen Bruder«. Sogar mit Rhino SAM und mit AMBOSELI, der zweiten Nashorn-Waise in der *Nursery* von Nairobi, freundet sich DIKA an – genau, wie es OLMEG und TARU schon seit langem getan haben. Und so treffen sich mittags am *mudwallow* vor Daphnes Haus die ungewöhnlichsten Spielkameraden, die man sich vorstellen kann.

Medizin vom Baobab-Baum

Auf einem Laster unterwegs zum Rettungsflugzeug nach Nairobi: Ndume und Malaika, gerade drei Monate alt

OLMEGS und TARUS Umzug nach Tsavo ist einstweilen auf unbestimmte Zeit verschoben. Gerade jetzt will Daphne dem glücklichen DIKA einen zweiten Trennungsschock ersparen. Doch es dauert nicht lange, und es wird eng in der *Nursery*. Ein Notruf vom *Mount Kenya*: Wütende Farmer haben zwei kleine Elefanten von den Feldern vertrieben – mit derben Schlägen auf den Kopf und einem Buschmesser-Hieb ins Hinterbein... Ein Flugzeug ist die letzte Rettung, um die beiden schnell und einigermaßen gefahrlos nach Nairobi zu bringen. Dort hat Daphne bereits in aller Eile weitere Ställe bauen lassen, damit die drei Monate alten Babys gut versorgt werden können. MALAIKA, dem Elefanten-Mädchen, geht es besser, als es zunächst den Anschein hatte. NDUME, den Elefanten-Jungen, hat es offenbar schlimmer erwischt. Doch durch eine Infusion mit salzhaltiger Lösung kann ihn Tierarzt Dr. Dieter Rottcher aus seiner Bewußt-

Mit einem Zweig läßt sich wunderbar spielen

losigkeit holen, und einige Wochen später ist er tatsächlich wieder ganz auf den Beinen. Aber dann der Rückfall von MALAIKA: Sie hat ihr Trauma wohl doch noch nicht überwunden, verfällt in schwere Depressionen, hat furchtbare Magenprobleme und ständig Durchfall. Dieter, der *Vet*, injiziert ihr zwar die lebenswichtigsten Nährstoffe, aber Daphne läßt zur Sicherheit auch aus Tsavo alles holen, was in der Wildnis die Lebenskräfte der Elefantenkinder stärkt: mineralienhaltige Erde, Elefantendung, um die Magenflora zu stärken, und Rinde vom Baobab-Baum, reich an Spurenelementen, die aufgekocht und mit der Spezial-Milch gemixt wird. Und MALAIKA gibt nicht auf. Einen Monat lang kämpft sie ebenso um ihr Leben wie die Menschen, die sie nicht aus den Augen lassen. Dann hat sie es geschafft. Und aus der todkranken MALAIKA wird ein anhänglicher Wonneproppen, der seinen neuen Lebensgeistern wohl noch nicht ganz über den Weg traut und ständig einen *Keeper* in der Nähe haben will – einen warmen Körper zum Kuscheln und auch mal einen Finger zum Nuckeln.

Auch DIKA ist glücklich, fühlt sich stark, denn ihn bewundert nun NDUME als »großen Kumpel« – ganz so, wie DIKA früher zu OLMEG aufschaute. Vergessen sind die ersten Wochen, als DIKA eifersüchtig registrierte, wie sich nicht mehr alles um ihn, sondern vor allem um die beiden »Neuen« vom *Mount Kenya* drehte. So scheint er auch nicht mehr besonders traurig zu sein, daß OLMEG und TARU eines Tages – im November 1989 – nun doch die lange geplante Reise nach *Tsavo-East* antreten. Aber was »Mr. Diks« ebensowenig ahnt wie Daphne und Jill: Die nächsten Neuaufnahmen in der *Nursery*, EDO und AJOK, werden nicht lange auf sich warten lassen. Und dabei bleibt es nun wohl auch in Nairobi – ein Kommen und Gehen wie in einer großen Familie... Oder, wie es Daphnes Großmutter vielleicht gesagt hätte: »Wenn sich irgendein Elefant verabschiedet, wird sich ein anderer einfinden.«

Kapitel 5

MILCH IST NICHT GLEICH MILCH

Von der Schwierigkeit, Elefantenkinder großzuziehen

Wer sie einmal gesehen hat, wird sie nie wieder vergessen: die grauen Pummel, die da inmitten einer Elefantenherde zwischen den Säulenbeinen der Großen umherwuseln. Mal vorwitzige Frechdachse, noch etwas unbeholfen tapsend, aber neugierig auf alles, was ihnen vor den weichen Rüssel kommt, dann wieder verschreckte Angsthasen, schon bei einem unbekannten Geräusch sofort auf der Flucht unter den Bauch der Mutter, und irgendwann nur noch müde Elefantenbabys, die im Schatten einer Akazie alle viere von sich strecken und die Augen mit langen schwarzen Wimpern zudecken.

Inmitten der großen Verwandten kann sich ein kleiner Elefant geborgen fühlen. Und weil die Mutter immer in der Nähe bleibt, ist auch die Milch nie weit

Unbesorgt wie kleine Menschenkinder können die Minifanten erst mal in den sonnigen Tag hineinleben. Denn: Die Mutter ist immer dabei. Einen Ausreißer holt sie mit ein paar Schritten zurück; einen schläfrigen Faulpelz stupst sie liebevoll auf die Füße, wenn die Leitkuh zum Abmarsch bereit ist; sie erträgt es mit stoischer Ruhe, daß die Kleinsten fast alle zehn Minuten ihr rosa Maul aufsperren und an den Zitzen zwischen den Vorderbeinen nuckeln, die Rüsselspitze an den warmen dicken Bauch der Mutter gekuschelt. Erst nach zwei Jahren kommen die Youngsters ganz ohne Milch klar – was sie aber nicht daran hindert, es mit wechselndem Erfolg auch weiterhin immer mal wieder mit dem Nukkeln zu versuchen.

An das Grünfutter müssen sich die kleinen Elefanten erst langsam gewöhnen

Elefanten, die größten Landsäugetiere der Erde, sind eine ganz besondere Spezies. Die Bullen können mehr als vier Meter groß und bis zu sechs Tonnen schwer werden, Prachtexemplare unter den Kühen sind bis zu 2,6 Meter groß und bis zu 3,2 Tonnen schwer. Doch wenn die Kälber geboren werden, wiegen sie gerade mal 120 Kilo – bringen also maximal nur zwei bzw. vier Prozent ihres späteren Gewichts mit auf die Welt. Auch das Gehirn der grauen Zwerge wächst im Laufe der Zeit noch um zwei Drittel, während es bei anderen Säugetieren oftmals schon im Babyalter zu 90 Prozent entwickelt ist. Kein Wunder, daß kaum ein anderes Tier so lange unter der aufmerksamen Obhut seiner Familie bleibt, um Schritt für Schritt das Leben zu lernen. Blätter und Zweige beispielsweise sind zunächst nur ein willkommenes Spielzeug, bis die Kleinen kapieren, daß sie einen Grashalm nicht nur zum Kitzeln, sondern auch zum Kauen benutzen können. Da stibitzen sie dann schon

mal den Älteren etwas herunterhängendes Grünzeug vom Maul weg und bedienen sich an Büscheln, die Mutter oder Tante beim Fressen wieder fallen lassen. Das ist nicht nur schön bequem, sondern zugleich eine lebenswichtige Lektion in Sachen Nahrungskunde: Was den Großen schmeckt, kann dem Nachwuchs nicht schaden. Aber auch das Trinken will gelernt sein. Es sieht ja alles nur so einfach aus, wenn da ein Grauer Riese mit einer einzigen Rüsselfüllung zehn Liter Wasser einpumpt. Die Babys schlabbern erst mal probeweise mit dem rosa Maul – den Rüssel in die

Der Rüssel ist eine phantastische Saugpumpe, aber das lernen die Kleinen erst, wenn sie ein paar Monate alt sind

Freundschaftlich verbunden: Elefanten umrüsseln sich gern

Höhe, genauso, wie sie es bei Mutters Zitzen gewohnt sind. Mit vier, fünf Monaten kommen sie dann allmählich auf den Dreh und experimentieren erfolgreich mit der phantastischen Saugpumpe. Und irgendwann lernen sie, wie vielfältig ein solcher Rüssel sonst noch einsetzbar ist: als Schnorchel im kühlen Schlammbad, als Blasebalg, um die empfindliche Haut mit einer Staubdusche vor Sonnenbrand und Insekten zu schützen, als Kratzbürste, mit der sich das Ohr so gut schubbern läßt, als Greifarm, der Zweige und Früchte von den höchsten Bäumen holt, als Machete, die undurchdringliches Dickicht passierbar macht, als Schaufel, um nach Wasser zu buddeln, als Alarmsystem, das drohende Gefahren wittert, als Streicheleinheit, mit der Freunde begrüßt, und als Schlagstock, mit dem Feinde vertrieben werden.

Einen Rüsselhieb setzt es aber hin und wieder sogar für die ansonsten so liebevoll umsorgte Kinderschar, denn auch Elefantenkinder kommen nicht als Engel auf die Welt. Erziehung muß sein, Respekt vor der Herden-Hierarchie, in der die Größten immer die Mächtigsten sind. Ein Elefant wächst sein Leben lang. So übernimmt auch die größte, weil: älteste und erfahrenste, Kuh die Rolle der Matriarchin, die den anderen die schmalen Pfade zeigt, auf denen Elefanten seit Generationen entlanggezogen sind, die den Weg zum rettenden Fluß erinnert, der auch in Trockenzeiten noch Wasser führt, und die weiß, wann woher Gefahr droht.

Erwachsen sind die Elefanten erst, wenn sie ins Teenager-Alter kommen. Aber auch dann gehen nur die Söhne ihre eigenen Wege und schließen sich einem Männer-Club an. Die weiblichen Tiere eines Familienverbands bleiben meist ihr Leben lang beieinander; jeweils nur für kurze Zeit enger auf Tuchfühlung mit paarungsbereiten Bullen, die sich normalerweise aber nie länger als ein paar Tage einer Herde anschließen. Hilfe bei der Geburt und später auch bei der Aufzucht der Kleinen ist ausschließlich Frauensache. Doch die weibliche Solidarität in der Großfamilie hat Grenzen: Verliert ein Junges seine Mutter – sei es durch Wilderer, sei es durch Krankheit oder durch einen Unglücksfall –, so wird es zwar manchmal, aber keineswegs »automatisch« von anderen Elefantenkühen des Familienverbands adoptiert. Besonders schlimm dran ist ein Baby im Alter von wenigen Monaten, weil es ohne Muttermilch nicht überleben kann. Selten genug hat eine Elefantenkuh nämlich so viel Milch, daß zwei Kälber davon satt werden könnten.

Wie oft brachten Ranger ein halbverhungertes, kleines graues Wesen zu Daphne Sheldrick, als sie noch mit ihrem Mann im Tsavo-Nationalpark lebte... Und wie oft mußte sie ein solches Elefantenbaby sterben sehen, weil es keine normale Milch verträgt... Seitdem Daphne die jüngsten Waisen jedoch mit ihrer Spezial-Milch füttert, haben sie auch in menschlicher Obhut eine Überlebenschance.

Gut beschützt in der Nursery*: Ein so junger Elefant wie die vier Monate alte Emily wäre in der Wildnis ohne Mutter verloren*

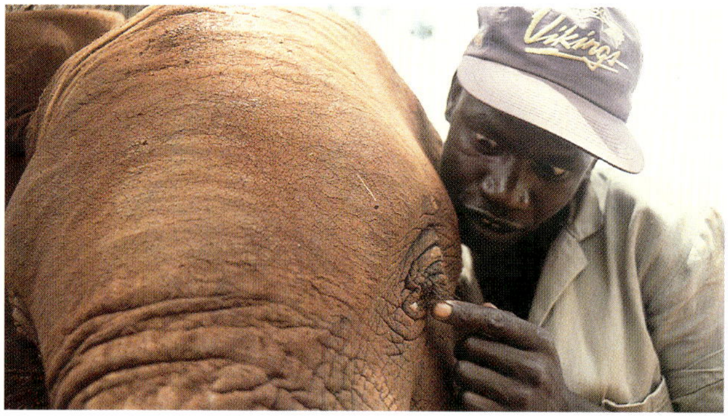

Sie gehören zum Sheldrick-Team: die Keeper *John Mbulu Mutuku und Peter Muinde Mutuku (oben); Erustus Barasa Kagoi und Moses Oluga mit Emily*

John Mbulu Mutuku mit Freund Ajok und Joseph Lugoma Muhaya (oben); Thomas Muteti, Atanash Muendo Muli und Nyaga Zacharia am Elektrozaun

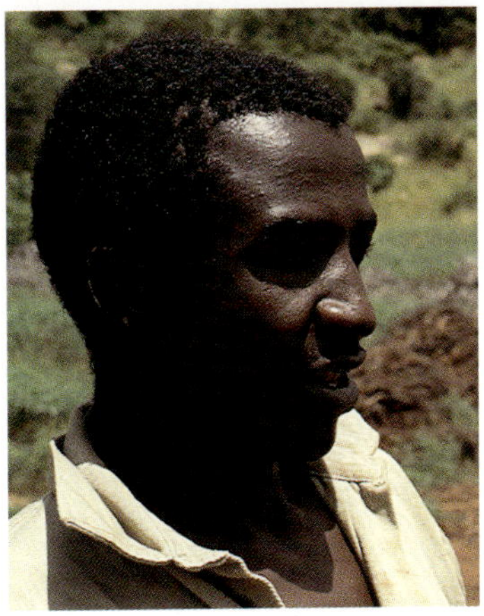

Daphne Sheldricks Speiseplan…

…für die Jüngsten:
Reiswasser abkochen, einen Mix aus Kalzium, Glukose, Vitamin C, Mineralstoffen und Salz vorbereiten; 1,5 Liter warmes Reiswasser mit 300 Gramm *SMA Goldcap* – einem Milchpulver auf der Basis von Kokosnußöl – mischen, einen Teelöffel vom Kalzium-Glukose-Mix hinzugeben und in 0,75-Liter-Flaschen mit Schnuller aus fingerdickem Gummischlauch füllen.

Die Pfleger reiben die Elefantenbabys sorgfältig mit Sand ein – zum Schutz vor Sonne und Insekten

Neugeborene stündlich füttern (mit 200 Gramm *SMA Goldcap* auf 1,5 Liter Reiswasser), dann allmählich auf einen Drei-Stunden-Rhythmus umstellen – während der ersten Monate macht das 10 bis 20 Liter Milch in 24 Stunden. Unbedingt darauf achten, daß die Milch immer die gleiche Temperatur hat – Elefanten sind da sehr eigen, und der eine mag die Milch lieber etwas kühler, der andere etwas wärmer…

…ab einem Alter von vier Monaten:
Wenn das Elefantenkalb seinen ersten Satz Zähne bekommen hat, wird gemahlene Gerste oder Haferschrot und getrocknete Kokosnuß als Stärkungsnahrung zur Milch gegeben. Zunächst jeweils ein Teelöffel voll, dann allmählich immer mehr, bis die Milch Porridge ähnelt, aber immer noch flüssig genug für den Schnuller ist. Ebenfalls wichtig: Vitamin B, das den Elefanten am besten in Gelantinekapseln verabreicht wird, die ein Apotheker in Extra-Größe präparieren muß.

…für die Ein- bis Zweijährigen:
Jetzt futtern die Kleinen schon Grünzeug, und *SMA Goldcap* kann allmählich durch Magermilchpulver ersetzt werden. Auf jeden Fall müssen sie jedoch weiterhin Getreide und getrocknete Kokosnuß bekommen – und zwar auch dann noch, wenn sie im Alter von zwei Jahren allmählich von der Milch entwöhnt werden.

Die Einjährigen trinken bereits mehr als 30 Liter am Tag, allerdings in immer größeren Abständen. Mit 18 Monaten bekommen sie tagsüber alle sechs und nachts noch alle vier Stunden die Flasche.

John und Nyaga bereiten den Milchmix vor: Zur Stärkung gibt's gemahlene Gerste und getrocknete Kokosnuß

Aus diesem Fahrplan für die Fütterung wird allerdings nur dann ein Erfolgsrezept, wenn bei der Aufzucht auch alle anderen »Zutaten« stimmen. Denn: Baby-Elefanten leben nicht von Milch allein. »Sie werden sich nur dann prächtig entwickeln, wenn sie glücklich sind«, betont Daphne Sheldrick. »Und um glücklich zu sein, brauchen sie unbedingt eine Familie!« Daphne weiß, daß ihre Entwicklungspsychologie der Elefanten von Wissenschaftlern als »vermenschlicht« kritisiert wird. Doch sie steht dazu; ihre jahrzehntelangen Erfahrungen haben sie überzeugt: »Man versteht die Tiere viel besser, wenn man menschliche Interpretationen zuläßt.« So sind Elefanten beispielsweise bis zur Pubertät abhängig von einer Mutterfigur oder zumindest von einer Familie, die für sie da ist. Deshalb die Pfleger, die den Waisen von klein auf die Familie ersetzen, die sie in dem Vertrauen aufwachsen lassen, daß sie auch nach dem Tod ihrer Mutter nicht allein sind.

Daphne Sheldricks Grundregel Nummer eins: »Ein kleiner Elefant darf sich niemals verlassen fühlen«

Vor allem bei den Neuankömmlingen und erst recht bei den Babys sind die *Keeper* buchstäblich rund um die Uhr in der Nähe, denn selbst in der Nacht haben zwei der jungen Kenianer Dienst: Im Stall schläft einer neben den *orphans* direkt im Stroh oder, ein paar Wochen später, schon mal auf einer bequemeren Hängeliege – aber stets in Rüssel-Reichweite, denn körperlicher Kontakt schafft Vertrauen. Der andere Pfleger kümmert sich derweil darum, daß der Milchmix stets rechtzeitig und immer in der richtigen Temperatur zubereitet wird. Und wenn tatsächlich für kurze Zeit mal keiner der beiden im Stall sein kann, muß zumindest ein Radio laufen, damit die kleinen Grauen menschliche Stimmen hören.

Francis Ndambuki, einer der Keeper *in Nairobi, läßt Emily beim Morgenspaziergang keine Minute aus den Augen*

Grundregel Nummer zwei: »Abwechslung muß sein«

Elefanten wollen, ähnlich wie Menschenkinder, nicht nur versorgt, sondern auch unterhalten werden. Wenn sie sich nicht gerade selbstvergessen mit einem Ball oder dem Schlauch eines ausgedienten Autoreifens amüsieren, müssen sich die *Keeper* etwas einfallen lassen – eine Art Tauziehen mit abgebrochenen Zweigen, Steine kicken, Schubbern am Baumstamm oder ein Ausflug ins dichte Grün rund um Daphnes Haus, das *mudwallow* am Mittag, wo's so schön platscht und staubt, oder ein vorsichtiges Hallo bei SCUD, der jüngsten der Nashorn-Waisen in der *Nursery* von Daphne Sheldrick. Und nichts, aber auch gar nichts dürfen die Pfleger halbherzig tun. Schließlich hätten sich Mütter und Tanten der Kleinen auch nicht nur mal nebenbei um sie gekümmert, und die Elefantenkinder scheinen auf geheimnisvolle Weise zu spüren, ob sie sich auf ihre neue Menschen-Familie ebenso bedingungslos verlassen können.

Grundregel Nummer drei: »Disziplin tut not«

Bei aller Liebe gehören auch zum Elefantendasein die *musts and don'ts* einer jeden lebenswichtigen Erziehung. Das ist draußen im Busch nicht anders als in der *Elephant Nursery* von Nairobi oder in den *Stockades* von *Tsavo-East*, wo die Pfleger ihre Rüsselbande unter Kontrolle behalten müssen. Was weiß denn AJOK schon davon, mit wieviel Druck er seinen Rüssel um einen Menschennacken legt? Da könnte aus dem harmlosen Spielchen irgendwann knallharter Ernst werden, weil sich selbst ein kräftiger *Keeper* nicht mehr mit einem Griff aus dieser Schlinge befreien kann. Also muß auch AJOK lernen, was ein energisches *»No!«* bedeutet, muß aufs Wort und auf die strenge Stimme gehorchen. Und wenn das nichts hilft, gibt's auch schon mal was mit dem *cattle prod*, einem batteriegetriebenen Treibstock, der einem allzu aufmüpfigen Elefantenkind einen kleinen Elektro-Knuff versetzt: nicht mehr, aber auch nicht weniger als der Rüsselhieb einer aufgebrachten Elefantenmutter oder ein kräftiger Klaps in der menschlichen Erziehung. Doch schon nach kurzer Zeit werden die *Keeper* ihren Schützlingen mit sanfter Stimme etwas Versöhnliches sagen, werden sie freundschaftlich an den Rüssel nehmen, mit ihnen schmusen und ihnen signalisieren, daß alles vergeben ist. Elefanten vergessen nicht – weder ihre Freunde noch ihre Feinde.

Grundregel Nummer vier: »Sauber bleiben«

Was Daphne vor Jahren an den Rand der Verzweiflung brachte, ist heute für sie kein Grund mehr zur Sorge: Im Gegensatz zu vielen Tieren signalisiert häufiger und flüssiger Stuhlgang bei Elefantenbabys keineswegs eine lebensgefährliche Diarrhö. Während die Exkremente umgehend mit Erde bedeckt und begraben werden, reinigt ein anderer Pfleger das graue Hinterteil mit einem Schwamm. Aber immer nach dem Motto: Nur soviel Hygiene wie nötig, damit sich das Immunsystem des Elefanten entwickeln kann. Sehen die Exkremente allerdings aus wie »Quark und Molke«, handelt es sich nach Daphnes Erfahrungen wirklich um gefährlichen Durchfall, weil der Körper in kurzer Zeit zu viele Mineralstoffe verliert. Auch Elefanten brauchen dann jede Menge Flüssigkeit, am besten Reiswasser, um diesen Mangel auszugleichen. Und jemand muß ständig auf sie aufpassen, damit sie nicht instinktiv kleine Steine fressen, die die Schleimhäute ihres Magen-Darm-Trakts verletzen könnten.

Nach dem Schlammdas Staubbad: Vor dem Haus von Daphne Sheldrick liegt rote Erde, für die Elefanten-Waisen extra aus Tsavo herbeigeschafft

Grundregel Nummer fünf: »Gut vorbereitet in die Wildnis«

Im Nairobi Nationalpark fehlt es den Elefanten an vielem, was für ihr späteres Leben in *Tsavo-East* wichtig ist. Deshalb schafft Daphne Sheldrick alles nach Nairobi, was den Waisen später einmal ihren Umzug in den Busch erleichtern kann. Die rote Laterit-Erde zum Beispiel, mit der sie den großen Platz vor ihrem Garten in eine rote Sandlandschaft verwandelt hat, Elefantendung, um die Magen- und Darmflora für den Umstieg aufs Blattgrün vorzubereiten, und für den Notfall auch ein wenig der stärkenden Rinde vom Baobab-Baum – so wie damals, als es MALAIKA sehr schlecht ging. Deshalb war Lissa Ruben, die Freundin von Daphne und Jill, mit *Keeper* John sofort in Richtung Tsavo gefahren und hatte an der Straße bei einem etwa 300 Jahre alten Baobab haltgemacht. Sie kannte diesen Baum seit langem, und es kam ihr vor, »als ob Weisheit und Güte in ihm steckten«. Also ließ sie John ein Stück von der wertvollen Rinde schneiden (Lissa: »Ich haßte das Geräusch, aber es war eben aus absolut wichtigem Grund…«), stoppte jedoch wenige Monate später wieder an der gleichen Stelle, um die Stamm-Wunde zu kontrollieren. Aber sie konnte nichts mehr entdecken: »Es war, als ob dieser alte Baum verstanden hätte…«

Kapitel 6

TSAVO – NOCH KEIN VERLORENES PARADIES FÜR ELEFANTEN?

In der Parkverwaltung von Tsavo-East*: Daphne Sheldrick*, Senior Warden *Stephen Gichangi und Hans-Helmut Röhring, Vorsitzender des Vereins »Rettet die Elefanten Afrikas e. V.«*

Wenn Stephen Gichangi von seinem Schreibtisch aufschaut, hat er 12.500 Quadratkilometer Wildnis im Blick, an die 6500 Elefanten und etwa 150 Ranger: eine riesige Landkarte des Nationalparks *Tsavo-East* mit vielen bunten Stecknadeln, die dem *Senior Warden* zeigen, wo Tsavos graue Herden ziehen und wo die Anti-Wilderer-Patrouillen im Dienst sind. Obwohl verwaltungsmäßig getrennt, arbeiten sie im Ernstfall eng mit ihren Ranger-Kollegen im benachbarten Nationalpark *Tsavo-West* zusammen, weitere 7500 Quadratkilometer Schutzgebiet jenseits des *Trans-Africa-Highways*, einer breiten Asphaltstraße von Nairobi nach Mombasa.

Bei Stephen Gichangi, im Chef-Büro der *Headquarters* von *Tsavo-East*, laufen tagtäglich die neuesten Meldungen aus dem Park zusammen. Für die enorme Größe dieses teilweise sehr unzugänglichen Gebiets ein effektives Kontrollsystem, betont Mr. Gichangi: »Wenn eine Patrouille – im Jeep oder aus dem Flugzeug – irgendwo Wilderer sichtet, erfahre ich das innerhalb von drei Minuten. Und in den nächsten drei Minuten weiß auch der Direktor des *Kenya Wildlife Service* in Nairobi Bescheid.«

Das Krisen-Management per Funk und Telefon soll verhindern, daß es in Kenias größtem und bedeutendsten Nationalpark noch einmal zu einem solch beispiellosen Massaker kommt wie in den achtziger Jahren. Die traurige Bilanz: Von den etwa 40.000 Grauen Riesen, die in den 60er Jahren in Tsavo und Umgebung lebten, waren 1987 gerade noch 5700 Tiere geblieben. Und die hatten sich, verschreckt von den todbringenden Maschinengewehr-Salven, so weit in den dichten

Von der Voi-Lodge *in* Tsavo-East *blickt man in die scheinbar endlose Weite des größten kenianischen Nationalparks*

Busch zurückgezogen, daß die Touristen kaum noch einen Elefanten zu Gesicht bekamen. Immer häufiger beklagten sich enttäuschte Europäer und Amerikaner, denn eine Safari ohne Elefanten – was war das schon? Also waren irgendwann nicht nur internationale Artenschützer alarmiert, die den drohenden Untergang der Grauen Riesen anprangerten, sondern auch Politiker in Nairobi. Sie fürchteten um die millionenschweren Einnahmen aus dem Tourismus-Geschäft, das sich in Kenia mittlerweile zum Devisenbringer Nummer eins entwickelt hatte, und Staatspräsident Daniel arap Moi erklärte den Kampf gegen die Wilderei zur »nationalen Priorität«. Ein weltweit beachtetes Spektakel, das Kenias Abkehr vom Elfenbeinhandel symbolisieren sollte: Im Juli 1989 steckte Moi einen Scheiterhaufen aus 13 Tonnen konfiszierten Stoßzähnen in Brand – »weißes Gold« im Wert von drei Millionen Dollar…

Ein Mann setzt Zeichen

Für die Öffentlichkeit weniger spektakulär, aber in Insider-Kreisen um so aufmerksamer registriert: die vorausgegangene Berufung von Richard E. Leakey, einem weißen Kenianer, zum Direktor des *Kenya Wildlife Service* (KWS). Der renommierte Anthropologe hatte sich durch seine Management-Fähigkeiten Respekt und Ansehen erworben, und beides sollte ihm bei seiner künftigen Aufgabe zugute kommen.

Leakey schaffte das schier Unglaubliche. Korrupte Beamte mußten ihren Schreibtisch räumen, das Jahresbudget für die Nationalpark-Verwaltung stieg von acht auf 20 Millionen Dollar, und in den Parks verbesserten sich Moral und Einsatzbereitschaft der Anti-Wilderer-Trupps: Der KWS-Direktor erhöhte das Gehalt für die Ranger um mehr als das Doppelte, sorgte für anständige Uniformen, Schnellfeuergewehre und vernünftige Jeeps. Leakey legte höhere Eintrittsgelder für die Parks fest, sammelte im Ausland Spenden bis hin zu einem 300-Millionen-Dollar-Finanzpaket der Weltbank, das die reibungslose Arbeit des *Kenya Wildlife Service* für zehn Jahre garantieren sollte, und er setzte sich dafür ein, daß die Bevölkerung in der Umgebung der Parks an den Einnahmen aus dem Tourismus-Geschäft beteiligt wird.

Tsavo-East *im Sommer 1990: Im Beisein von KWS-Direktor Richard E. Leakey beschlagnahmen Park-Ranger illegal erbeutete Stoßzähne, die Wilderer in aller Eile vergraben hatten*

Etwa 25 Prozent der Parkgebühren sollen den Anwohnern zugute kommen – meist projektgebunden, zum Beispiel, um Schulen oder Krankenhäuser zu bauen, aber auch als Ausgleich für eventuelle »Feldräubereien« der umherziehenden Elefanten. Mit diesen wirkungsvollen Soforthilfe-Maßnahmen, so die Hoffnung der *Wildlife*-Experten, müßte sich die gleichgültige bis feindliche Einstellung der Bevölkerung gegenüber den Grauen Riesen im Laufe der Zeit ändern.

Zu den Verfechtern dieser Politik gehört seit langem David Western, nach Leakeys – von Diffamierungen forciertem – Rücktritt seit 1994 neuer KWS-Chef. Naturschutz nicht isoliert, sondern in Kooperation mit der örtlichen Bevölkerung zu betreiben, ist allemal ein Gebot der Vernunft. Auch und gerade in der Region um Tsavo, wo sich die Konkurrenz von Menschen und wilden Tieren um den Lebensraum zunehmend verschärft hat. Wenn es David Western jedoch gelingt, die Strategie seines Amtsvorgängers erfolgreich fortzuführen, dann kann Tsavo wahrscheinlich bleiben, was es seit Jahrtausenden ist: *Elephant Country*.

Die Zeichen stehen gut, denn auch mit der Wilderei im Park ist es durch den internationalen Handelsboykott für Elfenbein einstweilen vorbei. Der Marktpreis für das »weiße Gold« ist nach seinem Rekordkurs von 250 Dollar pro Kilo im Jahre 1989 in kurzer Zeit auf 50 Dollar gesunken. Kein Anreiz mehr für die Wilderer, die sowieso nur einen Bruchteil der Verkaufssumme bekommen, in Kenia aber Kopf und Kragen riskieren. Eine Order des Präsidenten: Im Nationalpark dürfen nur die

Bevor die ersten Elefanten-Waisen aus der Nairobi Nursery *Ende 1989 nach Tsavo kommen, ist Eleanor dort bereits mit Mary, Lissa und Chuma unterwegs*

Ranger Waffen tragen – und notfalls auch auf Wilderer schießen. Und all das zeigt offenbar Wirkung. Wurden 1989 in Kenia noch 4000 Elefanten gewildert, so waren es zwei Jahre nach Inkrafttreten des Handelsboykotts nur noch 46 – und fast alle traf es außerhalb der Parks.

Was wissen Teenager denn schon?

Durch die Wilderei hat sich die Alters- und Sozialstruktur der Herden dramatisch verändert. Und das wird noch geraume Zeit so bleiben: Elefantenkühe bringen nur alle vier, fünf Jahre ein Kalb zur Welt

Trotzdem besteht noch lange kein Grund zur Euphorie. Allein in den achtziger Jahren verlor Afrika durch die Wilderei etwa die Hälfte seiner Elefanten: Von 1,3 Millionen Grauen Riesen überlebten weniger als 650.000 Tiere das blutige Massaker. Mindestens 25 Jahre dürfte es dauern, bis sich Afrikas Elefanten-Population von dem Gemetzel der Vergangenheit erholt haben wird, meint Iain Douglas-Hamilton, einer der bedeutendsten Elefantenforscher unserer Tage. Und das hat gute, weil: naturgegebene, Gründe.
Elefanten vermehren sich sehr langsam. Elefantenkühe bringen nur alle vier, fünf Jahre ein Kalb zur Welt. Denn: Sie sind nur jeweils einige Tage im Jahr im sogenannten »Östrus«, das heißt: empfängnisbereit – und das nur dann, wenn sie nicht gerade trächtig sind (ein Zeitraum von immerhin 22 Monaten!) und wenn sie kein Kalb führen, das noch milchabhängig ist. Aber auch die Bullen sind keineswegs rund ums Jahr, sondern nur zwei bis drei Monate in der sogenannten »Musth« – das heißt: sexuell besonders aktiv. Und da sie normalerweise nicht bei den weiblichen Familienverbänden leben, müssen sie ihr Glück bei verschiedenen Herden immer wieder aufs neue versuchen. Schon deshalb können sich die Elefanten keineswegs so explosionsartig vermehren, wie manche Befürworter des Elfenbeinhandels immer wieder behaupten, und mit einem Boykott, der die Wilderei nur kurzfristig eindämmt, ist noch nichts gewonnen. Elefantenkühe akzeptieren nämlich noch nicht einmal alle

geschlechtsreifen Bullen als Paarungspartner, sondern meist nur diejenigen, die mindestens 25, 30 Jahre alt sind. Genau die aber haben Wilderer als erste aufs Korn genommen, weil sie die größten Stoßzähne tragen. So kamen in *Tsavo-East* bei einer Zählung auf 95 erwachsene Kühe gerade noch fünf Bullen über 25 Jahre. In solchen Gebieten konzentrierten sich die Wilderer dann auf die älteren Kühe – von den verbliebenen Tieren wiederum diejenigen mit den stärksten Stoßzähnen.

Dies hatte schließlich eine dramatische Veränderung der normalen Alters- und Sozialstruktur der weiblichen Familienverbände zur Folge: »Teenager« ohne die nötige Orientierung im weiten Wandergebiet konnten die erfahrenen älteren Leitkühe nur schlecht oder gar nicht ersetzen. Und durch die Wilderei waren viele der jüngsten Herdenmitglieder zum Tode verurteilt: Elefantenbabys unter zwei Jahren können ohne ihre Mutter nicht überleben. Bis zum Alter von fünf Jahren schaffen es 30 Prozent, und selbst bei den Sechs- bis Zehnjährigen hat nur knapp jeder zweite eine Chance.

Ältere Elefantenbullen mit ihren mächtigen Stoßzähnen fielen den Elfenbein-Jägern als erste zum Opfer

Daphne Sheldrick hat all dies miterleben müssen; deshalb auch ihre große Freude, daß es ihr gelungen ist, wenigstens einige dieser unschuldigen Opfer vor dem sicheren Tod zu retten. Allerdings behauptet sie keineswegs, mit dem Überleben einiger weniger Elefanten-Waisen einen Beitrag zur Rettung der gesamten Art leisten zu können. Aber sie sieht nicht ein, warum man nicht auch einzelnen Tieren helfen sollte, und sie will mit ihrem Projekt das Bewußtsein der Menschen schärfen für die immer noch bedrohliche Situation der Grauen Riesen. Wann immer sich die Gelegenheit bietet, leistet sie außerdem ihren Beitrag zur engagierten Aufklärungsarbeit, mit der internationale Elefantenschützer der Propaganda für einen erneuten Elfenbeinhandel begegnen – zum Beispiel Argumenten wie diesen:

Das internationale Handelsverbot für Elfenbein hat eine Überpopulation der Elefanten zur Folge.

Dagegen spricht: Wenn eine Elefantenkuh nur alle vier, fünf Jahre ein Junges zur Welt bringen kann, ist es – rein biologisch – unmöglich, daß es bereits wenige Jahre nach Inkrafttreten des Handelsboykotts zu viele Elefanten gibt. Außerdem kann zur Zeit lediglich in drei von 32 afrikanischen »Elefanten-Staaten« – und auch dort nur in bestimmten Gebieten – von einer »Überpopulation« gesprochen werden. In diesen drei, für afrikanische Verhältnisse relativ wohlhabenden Ländern – in Simbabwe, Botswana und Südafrika – sorgt ein gut funktionierendes *Wildlife*- und Nationalpark-Management dafür, daß seit Jahren kaum noch ernstzunehmende Wilderei zu verzeichnen ist. Der Lebensraum der Elefanten ist aber auch in diesen Ländern im wesentlichen auf die Nationalparks beschränkt. Diese Kombination von wirksamem Schutz und relativ eng begrenztem Lebensraum kann zu lokalen »Überpopulationen« führen. Es ist jedoch nicht auszuschließen, daß es durch die Wanderung der Herden in diesen Gebieten auch zu Doppel- oder Mehrfachzählungen kommt, wodurch die »Überpopulation« noch nicht einmal eindeutig nachzuweisen wäre. *Last but not least*: Künstliche Wasserlöcher – zum Beispiel häufig in Nationalparks in Simbabwe als Touristen-Attraktion geschaffen – sind menschliche Eingriffe in die Ökologie, die eine ungewöhnlich große Konzentration von Elefanten zur Folge haben können.

Elefanten fressen sich selbst und anderen Tieren die Nahrung weg.

Dagegen spricht: Ein erwachsener Elefant kann zwar am Tag mehr als 150 Kilo Grünzeug verdrücken, wandert dabei jedoch auch etwa 15 bis 30 Kilometer, in Extremfällen sogar bis zu 70 Kilometern weit. In früheren Zeiten durchstreiften die Herden dabei Tausende von Quadratkilometern, in denen sich die Vegetation immer wieder erholen konnte, bis die Grauen Riesen zurückkehrten. Seit Afrikas Bevölkerung jedoch in rasantem Tempo wächst, entstehen immer neue, immer größere Landwirtschaftsflächen. Aus immer mehr Gebieten wird das Wild vertrieben und muß sich in die mehr oder minder eng begrenzten Nationalparks zu-

»Bulldozer der Natur«: Wenn Elefanten dichtes Buschwerk niedermachen, schaffen sie zugleich neuen Lebensraum für viele kleinere Tierarten

rückziehen. Aber selbst bei einer ungewöhnlich hohen Konzentration bestimmter Tiere scheint die Natur den Bestand langfristig so zu regulieren, daß das Überleben der Art nicht durch die Artgenossen gefährdet wird.
Daphne Sheldrick: »Von einem *natural die off*, einer Naturkatastrophe, sind vor allem die schwächeren Tiere betroffen. So war es beispielsweise 1970 in Tsavo, als dort bereits von einer Überpopulation der Elefanten gesprochen wurde. Plötzlich aber brach eine ungewöhnlich lange und heftige Dürre über das Gebiet herein, und in nur drei Monaten starben etwa 9000 Elefanten – weitaus mehr, als heute überhaupt in Tsavo leben. Damals fielen hauptsächlich weibliche Tiere der Dürre zum Opfer, und weil auch die Überlebenden unter Streß standen und weniger Junge zur Welt brachten, sank die Geburtenrate beträchtlich.« Zeit genug also für die Vegetation, um sich wieder zu erholen…

Elefanten zerstören die Landschaft.
Dagegen spricht: Wenn die Elefanten dichten Busch allmählich in offenes Grasland verwandeln, so hat dies keineswegs eine Vernichtung, sondern eine Veränderung von Flora und Fauna zur Folge. Daphne Sheldrick: »Seit uralter Zeit existiert ein natürlicher Zyklus, in dessen Verlauf Gras- in Buschland und Busch- wiederum in Grasland verwandelt wird. Und dieser Wechsel ist es, der durch die Elefanten vorangetrieben wird: Verschwinden sie aus einem Gebiet, wuchert dort alles zu. Kehren die Elefanten zurück, machen sie das Dickicht nieder, und neues Grasland entsteht.«
Ein Wechsel mit Methode, denn die Grauen Riesen schaffen Lebensraum für viele kleinere Tierarten, die im dichten Busch nicht existieren könnten, und auch die lebenswichtige Wasserversorgung wird auf wunderbare Weise reguliert. Daphne Sheldrick: »Im Schatten der hohen Bäume und dichten Büsche hat sich im Laufe der Zeit eine harte Erdkruste gebildet, auf der Regenwasser schnell abfließt, ohne in den Boden einzusickern. Die Wurzeln der mehrjährigen Gräser, die erst durch den Kahlschlag der Elefanten wieder sprießen können, wachsen jedoch bis zu sechs Meter tief in die Erde und brechen dadurch das verkrustete Erdreich auf. Mit der Folge, daß der Grundwasserspiegel steigt, daß zahlreiche Quellen und Bäche wieder zum Vorschein kommen, von denen bisher niemand etwas ahnte, und daß davon zahlreiche andere Lebewesen profitieren können.«

Im Tsavo-Nationalpark ist noch genug Platz für die Grauen Riesen. Aber der Druck auf die Reservate nimmt zu, denn Afrikas Bevölkerung wächst in rasantem Tempo

Auch die Vegetation hat unter den Elefanten keineswegs derart zu leiden, wie Parkbesucher auf den ersten Blick vermuten könnten. Erst die Elefanten garantieren bestimmten Baumarten nämlich das Überleben, weil sie die Samen mit ihrem Dung über Kilometer hinweg verbreiten. Und es gibt sogar einige Pflanzenarten, die überhaupt erst keimen können, wenn ihre Samen den Verdauungstrakt eines Elefanten passiert haben. Wenn man dann noch bedenkt, daß allein in einem Kilo Elefantendung Tausende von Insekten satt werden, die ihrerseits wiederum Vögeln oder Reptilien als Beute dienen, dann versteht man, daß Daphne Sheldrick die Elefanten nicht als »Zerstörer«, sondern als »Bulldozer der Natur« bezeichnet: Es gibt viel zu tun? Sie packen's an…

Nur durch das sogenannte »*Culling*«, den legalen Abschuß ganzer Herden, kann die Größe einer Elefanten-Population so kontrolliert werden, daß sie für ein bestimmtes Gebiet tragbar ist.

Dagegen spricht: Das *Culling* ist lediglich eine Möglichkeit, um einen Elefanten-Bestand in kürzester Zeit zu dezimieren. Immer wieder gelingt jedoch einigen Tieren die Flucht vor den Schnellfeuergewehren der professionellen Schützen, und sie leiden unter einem doppelten Trauma: die engsten Verwandten verloren zu haben und in der Angst weiterleben zu müssen, daß auch sie eines Tages Opfer eines solchen Überfalls werden könnten. Aber selbst, wenn das erklärte Ziel, alle Tiere einer Herde abzuschießen, erreicht wird, bedeutet das zugleich ein Minus für die Zukunft der gesamten Population: Das Genpotential einer ganzen Herde wird ausgelöscht – für die Fortpflanzung der Art in der jeweiligen Region ein irreparables Defizit.

Alte Elefanten ziehen sich vor ihrem Tod in sumpfige Gebiete zurück, weil sie keine feste Nahrung mehr kauen können

Als Alternative zum *Culling* befürworten Artenschützer wie Daphne Sheldrick die Regulierung des Bestandes auf natürliche Weise: »Wenn die richtige Nahrung nicht in ausreichender Menge vorhanden ist, werden Elefanten an Unterernährung eingehen. Sie fressen zwar immer noch Pflanzen, finden aber keine mehr, die sie ausreichend mit den notwendigen Nährstoffen versorgen. Das schwächt sie allmählich so sehr, daß sie irgendwann aufhören zu fressen – und dann kommt der Tod schnell und schmerzlos.«

Für das Elfenbein, das durch legales *Culling* gewonnen wird, muß ein kontrollierter Handel erlaubt sein, um durch diese Einnahmen den Unterhalt der Nationalparks zu finanzieren.

Dagegen spricht: Die Vergangenheit hat gezeigt, daß Kontrollen den illegalen Elfenbeinhandel kaum unterbinden können. Bereits vor dem internationalen Boykott durch das Washingtoner Artenschutzübereinkommen gab es zahlreiche Restriktionen und Quotenregelungen, um den Afrikanischen Elefanten zu schützen. Trotzdem gelang es durch Korruption, Schmuggel und offiziell geduldete Schiebereien immer wieder und in gewaltigem Ausmaß, illegal erbeutetes Elfenbein in Umlauf zu bringen. Nach Expertenschätzungen stammten 1989 etwa

Stephen Gichangi verwahrt in der Parkverwaltung von Tsavo-East *beschlagnahmtes Elfenbein. Bereits 1989 setzte Kenias Staatspräsident Moi einen Scheiterhaufen aus gewilderten Stoßzähnen in Brand. Ein Gedenkstein im Nairobi Nationalpark erinnert daran*

80 Prozent der Stoßzähne, die innerhalb des »legalen« Quotensystems gehandelt wurden, von gewilderten Elefanten.

Es ist keineswegs auszuschließen, eher wahrscheinlich, daß solche Machenschaften wieder aufkommen, sobald das rigorose Verbot auch nur für einige wenige Länder gelockert würde. Sofort wäre ein Schlupfloch gegeben, durch das gewildertes und geschmuggeltes Elfenbein mit gefälschten Dokumenten in Umlauf kommen könnte. Noch gibt es keine praktikable – das heißt: schnelle und vor allem verläßliche – Prüfung, um die Herkunft von Stoßzähnen eindeutig nachweisen zu können. Und jede Ausnahme vom Handelsverbot – da sind sich Naturschützer einig – wird ein Wiederaufleben der Wilderei zur Folge haben. Mit allen irreversiblen Konsequenzen. Daphne Sheldrick: »Wir können Wälder wieder aufforsten, ja, sogar Wüsten in fruchtbares Land verwandeln, aber wenn der letzte Elefant von dieser Erde verschwunden ist, wird es niemanden geben, der einen neuen schaffen kann.«

Kapitel 7

AUF DEM WEG INS LEBEN

Die Geschichte der Elefanten-Waisen von Tsavo-East

Seit mehr als 30 Jahren sind sie Freundinnen: Daphne Sheldrick und die Elefantenkuh Eleanor

Noch ist es ein Experiment, was Daphne Sheldrick in der *Elephant Nursery* von Nairobi und im kenianischen Nationalpark *Tsavo-East* auf den Weg gebracht hat: Verwaiste Elefantenbabys wachsen unter menschlicher Obhut auf, bis sie das Teenager-Alter erreichen. Spätestens dann, so der Plan, sollen sie sich den wilden Herden des Parks anschließen und ein eigenständiges Elefantenleben führen.

Eleanor: Die selbsternannte Matriarchin

Wenn das Experiment in einigen Jahren Erfolg hat, so ist es vor allem auch das Verdienst der jetzt 37jährigen ELEANOR – einer ganz besonderen Elefantenkuh. Sie wuchs, selbst im Alter von zwei Jahren durch einen vergifteten Pfeil zur Waise geworden, bei Daphne Sheldrick in Tsavo auf. Und sie vergißt offenbar nicht, was Menschen für sie getan haben.

Obwohl ELEANOR in der Regenzeit manchmal wochenlang fortbleibt und mit den wilden Herden zieht, so hat sie sich ihnen nie ganz angeschlossen, und sie hat nie ein eigenes Kalb zur Welt gebracht. Ihre Kinder, das sind die Elefanten-Waisen von *Tsavo-East*. Zum Beispiel MARY, mit ihren 18 Jahren zwar inzwischen längst erwachsen, doch als sie zu ELEANOR kam, war sie erst zehn und hatte eine schlimme Zeit hinter sich. Jahrelang stand sie angekettet auf einem Betonfundament, als Attraktion für die Gäste eines Safari-Clubs. Dann sollte sie an einen Zoo verkauft werden, aber das konnte Daphne gerade noch rechtzeitig verhindern. Sie verschaffte MARY das Leben in Freiheit – und ELEANOR eine treue Weggefährtin, die für die jungen Waisen nur allzugern Kindermädchen spielt. ELEANOR hat für die Rüsselbande die Rolle der lebenserfahrenen Matriarchin übernommen. Sie bringt den Kleinen bei, was sie für ein richtiges Elefantenleben wissen müssen, und es scheint ihr zu gelingen, die wilden Artgenossen zu überzeugen: Die Kleinen sind o. k., auch wenn sie heute noch in der Nähe von Menschen leben. Tsavos Elefanten, das belegen die Tagebuch-Aufzeichnungen der Pfleger, akzeptieren die *orphans*, lassen sie mit den Babys der Herden spielen und begleiten sie abends auch schon mal bis in die Nähe der *Stockades*.

Die *Keeper* haben jederzeit ein Auge auf ihre Schützlinge. Sie füttern die Jüngsten mit Milch oder einem Getreidemix, bis sie alt und stark genug sind, um sich ausschließlich von Gras, Blättern und Zweigen zu ernähren. Sie kontrollieren den Dung, um so möglichst früh Krankheiten oder Mangelerscheinungen zu erkennen, und sie sorgen dafür, daß die Waisen abends in ihr gewohntes Nachtlager mit frischem Grün zurückkehren können. Aber sie lassen den Youngsters die Freiheit, ihren eigenen Weg ins Leben zu finden – wie und wann immer sie wollen.

Elephant Country: *In* Tsavo-East *haben die Elefanten-Waisen eine neue Heimat gefunden – und wenn das Experiment von Daphne Sheldrick gelingt, werden sie sich eines Tages den wilden Herden anschließen*

Eleanors Lieblingstochter

Lissa (w)
Geboren:
Juli 1986
Gefunden:
Januar 1988
im Südteil von
Tsavo-East

Lissa

Ende der achtziger Jahre erreicht die Wilderei in Tsavo ihren traurigen Höhepunkt: immer wieder Elefanten-Kadaver, grausam verstümmelt, weil man ihnen die Stoßzähne mit Motorsägen aus dem Schädel gefräst hat. Nicht weit entfernt von einer erschossenen Elefantenkuh entdeckt Lissa Ruben, eine Freundin von Daphne Sheldrick und deren Tochter Jill, ein etwa anderthalbjähriges Elefanten-Mädchen. Ein Bein ist mehrfach gebrochen, und die Kleine kann sich kaum noch vorwärtsschleppen.
Die tatkräftige junge Frau organisiert Hilfe, und mit vereinten Kräften gelingt es, die Elefanten-Waise in die Nähe der *Headquarters* zu bringen. Dort treffen sie auf Eleanor, und die scheint das Elefanten-Mädchen sofort zu adoptieren. Sie rührt sich nicht von der Kleinen fort und übernachtet, gemeinsam mit ihrer Weggefährtin Mary, bei ihr im sicheren Gehege, in den *Stockades*. Lissa, wie die Elefanten-Waise inzwischen zu Ehren ihrer

Retterin genannt wird, erholt sich tatsächlich und kann eines Tages wieder laufen, als wäre nichts geschehen. Aber ELEANOR kümmert sich auch weiterhin so fürsorglich um sie wie um eine eigene Tochter und steht aufmerksam dabei, wenn LISSA zwischendurch von den *Keepern* mit einer stärkenden Mischung aus Gerste, Milch und Kokosnuß gefüttert wird.

LISSA ist alt genug, um gleich bei ELEANOR zu bleiben. Sie ist nicht mehr auf die Spezial-Milch *SMA Goldcap* angewiesen, mit der Daphne Sheldrick die jüngsten Waisenkinder in Nairobi aufpäppeln muß. Eine gute Voraussetzung, um LISSA frühzeitig an das Leben in der Wildnis zu gewöhnen.

Zusammen mit ELEANOR, MARY und CHUMA, einem verwaisten Elefanten-Jungen, der bei ihnen ebenfalls direkten Familienanschluß fand, wandert LISSA nun bereits fast wie ein wilder Elefant durch den Busch, denn sie kommt inzwischen ganz ohne Zusatznahrung aus. Genau wie ihre große Freundin ELEANOR hält sie aber auch weiterhin den Kontakt zu den anderen kleinen Waisen, die mittlerweile in *Tsavo-East* zu Hause sind. Allerdings steckt mittlerweile mehr als freundschaftliche Verbundenheit dahinter: LISSA hat offenbar Muttergefühle entwickelt und ein Auge auf MPENZI geworfen – eine kleine Elefanten-Waise, um die sich bereits die fünfjährige MALAIKA sehr liebevoll kümmert. Doch die Ärmste hat stets das Nachsehen: Wenn LISSA auftaucht, sind auch ELEANOR und MARY nicht weit. Und vor denen hat MALAIKA gehörigen Respekt. Vielleicht wird ihr irgendwann nichts anderes übrigbleiben, als auf das nächste Nesthäkchen zu warten?

CHUMA (m)
Geboren:
Anfang 1987
Gefunden:
November 1988 in Aruba/Tsavo-East

Ein ganz starker Typ

Chuma

Als Park-Ranger den Kleinen entdecken, völlig verängstigt zurückgeblieben nach einem Wilderer-Überfall, scheint alles zu spät: ein hilfloses Etwas mit total ausgetrockneter Haut, dem bei der Ankunft in der Waisen-Station von *Tsavo-East* buchstäblich die Beine wegsacken. Dabei muß es eigentlich ein ganz kräftiger Bursche sein, doch Daphne Sheldrick und ihr Team haben keine großen Hoffnungen, ihn am Leben halten zu können. Die einzige, die ihn offenbar nicht aufgibt, ist ELEANOR. Sie bleibt ununterbrochen an seiner Seite und mopst nicht mal eine der vielen Orangen, mit denen der Kleine gefüttert wird. Und das will immerhin etwas heißen, denn Apfelsinen gehören zu ihren erklärten Leckerbissen, denen sie sonst niemals widerstehen kann…

Den ursprünglichen Plan, den Elefanten-Jungen nach Nairobi zu bringen und in der *Nursery* zu versorgen, läßt das Sheldrick-Team bald wieder fallen. ELEANOR stemmt sich erfolgreich gegen alle Versuche, den Umzug in die Wege zu leiten. Ihre Geduld und ihre mütterliche Fürsorge sind nicht umsonst: Ihr Adoptivsohn kommt tatsächlich wieder zu Kräften – und er entwickelt sich so prächtig, daß er »CHUMA« getauft wird, auf Suaheli soviel wie: »Eisen und Stahl«. Nun kann ihn ELEANOR getrost in die Obhut von MARY geben und sich wieder verstärkt LISSA widmen. Die funkt nämlich bereits eifersüchtig dazwischen, weil sich ihre Ziehmutter so intensiv um das neue Familienmitglied gekümmert hat.

CHUMA entpuppt sich nach kurzer Zeit als mutigstes Waisenkind mit dem größten Selbstvertrauen. Das bekommt vor allem OLMEG zu spüren, Chef der Fraktion der »Nairobi-Waisen«, mit dem sich CHUMA bei jeder Gelegenheit einen Rüsselkampf liefert. Und wenn CHUMA sich und den anderen beweisen will, daß er wirklich ein Typ wie Eisen und Stahl sein kann, dann bleibt er jetzt über Nacht allein draußen bei einer wilden Herde, zum Beispiel bei der Familie von DIANA. Sie ist ELEANORS Freundin, und die beiden können sich nach Elefantenart über einige Kilometer hinweg verständigen – via Infrasound, das heißt: mit sehr tiefen, für das menschliche Ohr nicht mehr wahrnehmbaren Tönen. So weiß ELEANOR genau, daß CHUMA eine Nacht lang mehr als gut aufgehoben ist.

OLMEG (m),
genannt »MEGGIE«
Geboren:
Februar 1987
Gefunden in:
Maralal im Norden Kenias
Nach Nairobi:
März 1987
Nach Tsavo:
November 1989

Der Boß der Waisen

Olmeg

Gerade drei Wochen ist der Elefanten-Junge alt, als seine Herde vor einer bewaffneten Wildererbande in Panik davonrennt. Unbeholfen stolpert das Baby hinterher und fällt dabei in einen tiefen Graben, offenbar unbemerkt von den Flüchtenden. Hilflos liegt der Kleine nun da, die empfindliche Haut ausgetrocknet und von der Sonne verbrannt. Bis ein Samburu, der zufällig vorbeikommt, sein Wimmern hört. Er alarmiert einen Ranger-Trupp, und die Männer hieven das graue Bündel aus seinem Gefängnis. Von der nahen *Maralal Safari Lodge* informieren sie den Direktor des *Wildlife Department* – und der sorgt dafür, daß die Elefanten-Waise zu Daphne Sheldrick und ihrer Tochter Jill nach Nairobi kommt. Sie taufen ihn »OLMEG« – in der Massai-Sprache das Wort für »Außenseiter«. Doch es soll nicht lange dauern, da ist OLMEG der absolute Star. Gelingt es Daphne Sheldrick nun doch nach jahrelangen Versuchen zum ersten Mal, eine nur wenige Wochen alte Elefanten-Waise mit der Spezial-Milch *SMA Goldcap* am Leben zu erhalten.

Mit dem kleinen TARU, der acht Monate später in die *Nursery* kommt, versteht sich OLMEG auf Anhieb – nicht zuletzt deshalb, weil »MEGGIE« den Anführer macht und TARU ihm diese Rolle läßt. Erst, als die beiden im November 1989 nach *Tsavo-East* übersiedeln, bekommt ihre Freundschaft einen Knacks. Der Grund heißt CHUMA, ebenfalls ein verwaister Elefant und etwa im gleichen Alter wie OLMEG. Er lebt jedoch schon seit einem Jahr bei ELEANORS kleiner Familie in Tsavo und spielt diesen Heimvorteil bei jeder Gelegenheit aus. Kaum läßt sich OLMEG blicken, schubst CHUMA ihn herum wie einen dummen Jungen. Das wiederum imponiert TARU mächtig, der sich immer häufiger auf CHUMAS Seite schlägt.

OLMEGS Zeit kommt, als fünf andere Waisen aus der *Nursery* alt genug sind für das Leben im Tsavo-Busch. Sobald er merkt, daß TARU die Kleinen im Vorbeigehen gern mal anrempelt, spielt er den Beschützer und schubst TARU zur Ordnung. Soll der sich doch ruhig mit CHUMA einlassen – rund um die *Stockades* ist OLMEG der Boß. Und das demonstriert er mit wachsendem Elan. Als ihm auf der Wanderung in den Busch ein Dienstfahrzeug der

Parkverwaltung in die Quere kommt, stürmt er mit lautem Trompeten auf den Wagen los. Der völlig verschreckte Fahrer stoppt voller Respekt; OLMEG tobt weiter und zertrampelt das nächste Verkehrsschild, um seinem Ärger Luft zu machen.
Aus der zutraulichsten aller Waisen ist ein selbstbewußter, ausgelassener Bursche geworden – und keineswegs ein verzärteltes Schoßtier, dem die menschliche Betreuung den Schneid für die Wildnis aberzogen hat.

TARU (m)
Geboren:
August 1987
Gefunden:
in der Taru-Steppe
von Tsavo-East
Nach Nairobi:
November 1987
Nach Tsavo:
November 1989

Keine Angst vor wilden Herden

Taru

Ganz allein stromert ein winziger Elefant am Rande der *Mackinnon Road* in *Tsavo-East* umher. Krank oder besonders elend sieht er nicht einmal aus, aber irgend etwas Schlimmes muß passiert sein. Das Baby ist höchstens drei Monate alt und wäre normalerweise niemals ohne seine Mutter unterwegs. Die Park-Ranger, die den Kleinen finden, können das Rätsel nicht lösen. Aber eins wissen sie mit Sicherheit: Ein so junges Elefantenkalb kann sich noch nicht ausschließlich von Gras oder Blättern ernähren. Da bemüht sich selbst ELEANOR vergebens. Weil sie noch keine Kinder zur Welt gebracht hat, kann sie den Findling nicht mit Milch versorgen, denn die produziert eine Elefantenkuh erst, wenn sie einmal trächtig gewesen ist. Also kommt das Waisenkalb trotz ihrer Proteste erst einmal in die *Elephant Nursery* nach Nairobi.
TARU, so wird der Neue dort genannt, ist von Anfang an ganz unkompliziert und neugierig auf alles, was ihm begegnet. Und besonders spannend findet er offensichtlich die ungewöhnlichen Mitbewohner der *Nursery*, die ihm am Schlammloch begegnen: SAM und AMBOSELI, die beiden Nashorn-Waisen. Vor allem SAM hat es TARU angetan, und der erweist sich als ausgesprochen toleranter Spielkamerad. Bis TARU eines Tages austesten will, was SAM eigentlich so frißt. Ganz, wie es Elefantenart ist, steckt er dem Rhino mal

eben seinen Rüssel ins Maul. Doch da bekommt der gutmütige SAM doch einen ziemlichen Schreck und beißt zu. TARUS Rüssel ist noch dran, aber einen der beiden »Finger« an der Rüsselspitze hat's erwischt. Zum Glück kann der Tierarzt in einer Notoperation helfen und das größte Stück des »Fingers« wieder annähen. TARU trägt das alles mit bewunderswerter Fassung und scheint SAM noch nicht mal böse zu sein. Seiner Entdeckerfreude jedenfalls hat das Malheur keinen Abbruch getan.

In der Waisen-Station von *Tsavo-East* geht TARU am liebsten eigene Wege. Er läßt die anderen schon mal vorauslaufen, wenn morgens die Tour beginnt, und kommt oft als letzter abends zu den *Stockades*. Durch seine Freundschaft zu CHUMA hält er einen besonders engen Draht zu ELEANORS kleiner Familie. Daphne Sheldrick vermutet, daß er einer der ersten sein wird, die sich aus der Obhut der *Keeper* verabschieden. Er ist bereits über Nacht draußen im Busch geblieben und stand erst am nächsten Morgen mit ELEANOR, LISSA und CHUMA wieder vor dem Freiluft-Gatter. Ganz so, als wollte er sagen: Ich bin doch schon ziemlich erwachsen, oder?

DIKA (m),
genannt
»MR. DIKS«
Geboren:
August 1988
Gefunden:
auf einer Privatranch am Rande des Tsavo-Nationalparks
Nach Nairobi:
Dezember 1988
Nach Tsavo:
November 1990

Mit allen »gut Freund«

Dika

Vier Monate lang sieht es so aus, als ob das Elefantenbaby lieber sterben als leben möchte. Zu tief sitzt der Schock, nachdem der Winzling mit ansehen mußte, wie seine ganze Familie von Wilderern niedergemäht wurde, wie die Stoßzähne der Großen herausgehackt und abtransportiert wurden. Tagsüber trottet der kleine Bursche lustlos, mit gesenktem Kopf und hängendem Rüssel durch die Gegend, abends im Stall muß ständig eine Laterne brennen – und die *Keeper* hören an seinem Jammern, wie oft ihn Alpträume plagen. Das Sheldrick-Team nennt ihn »DIKA«, nach der Dika-Ebene in seiner Heimat Tsavo, aber mancher fragt sich insgeheim, ob der Kleine jemals dorthin zurückkehren kann.
Erst OLMEG und TARU, die beiden ersten *elephant orphans* der *Nursery*, stupsen den todtraurigen Knirps zurück ins Hier und Jetzt. Als wollten sie ihm

sagen: Das Leben kann jeden Tag neu beginnen – du mußt es nur kommen lassen... Ganz allmählich berappelt sich DIKA, schaut sich um nach dem Leben – und ist bald mittendrin. »Wie eine kleine Butterkugel sieht er aus«, freut sich Daphne Sheldrick, wenn er mit OLMEG und TARU in ihrem Vorgarten Schlammrutschen spielt. Und als wenig später NDUME und MALAIKA nach Nairobi gebracht werden, ähnlich traumatisiert wie damals DIKA, zeigt sich »MR. DIKS« von seiner besten Seite: Wann immer es anderen kleinen Elefanten schlechtgeht, bleibt er in der Nähe und signalisiert ihnen: Es wird alles gut.

Ein sanfter, ein besonders toleranter Elefant ist DIKA auch in der Waisen-Station von *Tsavo-East*, wo er OLMEG und TARU, seine Freunde aus Nairobi-Tagen, wiedertrifft. Im Gegensatz zu ihnen macht er sich aber nicht viel daraus, seine Kräfte an anderen jungen Bullen zu testen. DIKA will keinen Ärger, sondern Frieden um jeden Preis. Lieber läßt er sich von TARU – und neuerdings sogar vom Frechdachs AJOK – herumschubsen. Und wenn auch Freund OLMEG mal wieder allen zeigen will, wer der Boß ist, hält sich DIKA an MALAIKA und an NDUME. Die haben ihm seine Fürsorge bis heute nicht vergessen.

Ein zäher Bursche

Ndume

NDUME *(m)*
Geboren:
Februar 1989
Gefunden:
in Meru, nahe der Mount Kenya Wälder
Nach Nairobi:
April 1989
Nach Tsavo:
November 1990

Unter seinen langen Wimpern schaut er wochenlang wie selbstvergessen in die Welt, und bei jedem kleinen Geräusch stürmt er los, weil es ja vielleicht seine Mutter sein könnte, die wieder zu ihm kommt. Die *Keeper* in der *Nursery* von Nairobi haben dann alle Hände voll zu tun, um den Kleinen zurückzuholen. Wie er seine Familie verloren hat, weiß niemand ganz genau. Das drei Monate alte Baby scheint jedoch keinen besonders sonnigen Start ins Leben hinter sich zu haben. Es wanderte, ungewöhnlich

genug, zusammen mit einem etwa gleichaltrigen Elefanten-Mädchen über die Felder einer Farm. Als der Kleine gefunden wird, sind Kopf und ein Hinterbein böse geschwollen.
Durch einen Nottransport im Flugzeug können die beiden gerade noch rechtzeitig genug nach Nairobi gebracht und fachgerecht verarztet werden. Der Elefanten-Junge, bei der Ankunft bereits bewußtlos, kommt sofort an einen Tropf mit salzhaltiger Lösung, und allmählich kehren seine Lebensgeister zurück. Die *Keeper* sind sehr beeindruckt und nennen ihn »NDUME«, auf Suaheli das Wort für »zäher Bursche«. Und sie behalten recht damit.
Als NDUME die schlimmsten Wochen hinter sich hat, verliert er seine nachdenkliche Miene und wird immer lebhafter. Wie gern macht er sich jetzt einen Spaß daraus, beim Füttern mit den *Keepern* herumzukaspern. Wenn OLMEG, TARU und DIKA ihre Flaschen längst leerhaben, müssen sie noch hinter NDUME herwetzen. Hat er seine Mahlzeit dann schließlich beendet, inszeniert er einen Extra-Auftritt am *mudwallow* in Daphnes Garten, wo sich die anderen bereits im roten Sand suhlen. Auch das Schlammbad genießt er nun so ausführlich, daß die *Keeper* Mühe haben, ihn wieder herauszubekommen.

NDUMES Leidenschaft fürs Wasser ist bis heute geblieben. Auf den Buschtouren trödelt NDUME mittags meist so lange im Badetümpel herum, bis die anderen Waisen schon ein Stück weitermarschiert sind. Dann stapft er mit wehenden Ohren im Eiltempo hinterher und staubt sich erst beim nächsten Halt ordentlich ein.

Manchmal entpuppt sich NDUME nun sogar als kleiner Raudi. Wann immer sich die Gelegenheit bietet, geht er kurz mit EDO in den Clinch, und er ist sogar der einzige, der es hin und wieder mit dem zwei Jahre älteren OLMEG aufnimmt. Bei seinen Ausflügen zu den wilden Herden bekommt er allerdings schon mal einen Dämpfer, wenn er dort zu übermütig mit den Kleinen umspringt und immer mal wieder versucht, auf ihren Rücken zu klettern. Oft genug jagt ihn eine Elefantenmutter davon – was NDUME nicht daran hindert, ein paar Tage später mit diesem Spielchen von vorn zu beginnen.

Ein Engel mit Muttergefühlen

MALAIKA (w)
Geboren:
Februar 1989
Gefunden:
in Meru, nahe der Mount Kenya Wälder
Nach Nairobi:
April 1989
Nach Tsavo:
November 1990

Malaika

Vermutlich stammen sie aus einer Herde, NDUME und das Elefanten-Mädchen MALAIKA, die zusammen auf den Feldern einer Farm in der Nähe des *Mount Kenya* gefunden wurden. Das Schicksal ihrer Familie läßt sich wohl nie genau klären, doch durch einen großen Glücksfall haben sie bei den *Keepern* und den anderen Waisen endgültig eine neue Heimat gefunden.

Nur weil die beiden Waisen gerade noch rechtzeitig gefunden und per Flugzeug nach Nairobi gebracht werden, kann der Tierarzt die tiefe Wunde an MALAIKAS Hinterbein nähen. Offenbar war es ein kräftiger Hieb mit einem Buschmesser, der die Kleine derart verletzt hat, und jeder in der *Nursery* versteht, daß sie von Menschen zunächst nichts wissen will. Aber dabei ist sie ganz sanft und still, und MALAIKA, das Suaheli-Wort für »Engel«, scheint genau der richtige Name für sie zu sein.

Zur großen Überraschung aller geht es MALAIKA in der ersten Woche besser als erwartet; doch dann versinkt sie plötzlich in tiefe Depression. Sie wird lethargisch, hat schwere Magenprobleme und keinen Appetit mehr, bekommt Durchfall und verschluckt kleine Kiesel – typisch für Elefanten, die unter Mineralstoffmangel leiden. MALAIKA bekommt zur Notbehandlung einige stärkende Spritzen und – als natürliches Medikament – einen Aufguß aus Rinde vom Baobab-Baum. Die versorgt die Elefanten in freier Wildbahn mit den nötigen Spurenelementen, und ganz allmählich schlägt die Behandlung auch bei MALAIKA an.

Als das Elefanten-Mädchen mit DIKA, NDUME und EDO nach *Tsavo-East* übersiedelt, hat es die Trauer um seine Familie endgültig überwunden. Und auch körperlich ist MALAIKA wieder topfit, zumal sie wie alle anderen anfangs noch regelmäßig ihre zusätzliche Kraftnahrung aus der Flasche bekommt: ein Gemisch aus Gerste, Magermilch, Kokosnuß und Wasser.

Ein Jahr später dann ihre große Stunde: AJOK, damals die jüngste Eli-Waise, trifft im Freiluftgatter ein. Und MALAIKA nimmt das Nesthäkchen sofort in ihre Obhut. Wie alle weiblichen Elefanten entwickelt sie schon früh mütterliche Gefühle für kleinere Artgenossen, und AJOK läßt sich nur zu gern von ihr verwöhnen und gegen die heftigen Annäherungsversuche der anderen Waisenjungen in Schutz nehmen. Aber welch ein Schock für AJOK, als die *Keeper* anderthalb Jahre später ein acht Monate altes Elefanten-Findelkind in die *Stockades* bringen. MALAIKA hat von Stund an nur noch Augen für MPENZI, das neue Baby.

Immer öfter muß MALAIKA allerdings tatenlos mit ansehen, wie sich MPENZI mittags am *mudwallow* von LISSA, ELEANORS großer Adoptivtochter, bemuttern läßt. Nur abends, da gehört sie wieder MALAIKA, denn noch ist MPENZI rund um die Uhr auf die Spezial-Milch *SMA Goldcap* angewiesen. Deshalb sorgen die Pfleger dafür, daß sie nachts zu MALAIKA ins Gatter geht, wo sie regelmäßig ihre Flasche bekommt. Aber am nächsten Tag wird LISSA wieder auftauchen, und am übernächsten auch, und die Muttertage des »sanften Engels« scheinen vorerst gezählt. Doch wenn sie eines Tages alt genug ist, wird MALAIKA vielleicht selbst als Matriarchin mit einer eigenen Waisengruppe in die Wildnis hinausziehen.

Ein Filmstar aus Amboseli

EDO (m)
Geboren:
März 1989
Gefunden:
im Amboseli Nationalpark im Süden Kenias
Nach Nairobi:
November 1989
Nach Tsavo:
November 1990

Edo

Ein japanisches Filmteam dreht einen Film über die Amboseli-Elefanten – eine inzwischen berühmte Population, weil sie seit zwanzig Jahren von der Amerikanerin Cynthia Moss und ihrem Wissenschaftlerinnen-Team konstant beobachtet wird. Für diese bislang einmalige Langzeitstudie (von Cynthia Moss beschrieben in ihrem Buch »Die Elefanten vom Kilimandscharo«) sind die einzelnen Familien nach verschiedenen Buchstaben benannt. So auch die »E-Familie« mit »EMILY«, ihrer Tochter »EUDORA« und ihrem jüngsten Sohn »EDO«.

Als das Filmteam eines Tages die »E-Familie« beobachtet, ist EDO dabei, aber nicht Mutter EMILY. Bei Tieren mit ausgeprägt starken sozialen Bindungen, wie sie für Elefanten typisch sind, bedeutet diese Trennung von Mutter und Kind nichts Gutes. Und der graue Knirps läuft tatsächlich nicht mehr so putzmunter herum wie sonst, sondern wirkt sehr traurig und verstört. Cynthia Moss ist alarmiert und kennt auch bald den Grund für das seltsame Verhalten: EDOS Mutter hat sich an der Müllkippe einer Lodge buchstäblich zu Tode gefressen, zusammen mit verführerischen Obst- und Gemüseabfällen auch Glasscherben, Kronenkorken, Batterien und Plastikabfall verschlungen…

Acht Monate ist EDO gerade alt, viel zu jung, um ohne Muttermilch existieren zu können. Und kaum eine Elefantenkuh hat Milch genug, um zwei

Babys großzuziehen. Deshalb läßt auch EUDORA ihren kleinen Bruder nicht bei sich trinken, denn ihr eigenes Kalb ist auch erst sechs Monate alt. EDO schluckt noch ein paar Tage weiches Sumpfgras, wird aber zusehends schwächer – und nicht einmal der Hilferuf an den *David Sheldrick Wildlife Trust* scheint noch rechtzeitig genug.

In der *Nursery* verweigert EDO jede Nahrung und mag sich nicht mehr auf den Beinen halten. Bis DIKA in den Stall kommt, ihn immer wieder mit dem Rüssel antippt und EDO – als er die Augen endlich wieder öffnet – langsam und ganz sanft auf die Füße schubst. Dann der nächste Schritt: DIKA demonstriert, wie sich ein Elefantenkind äußerst bequem und angenehm füttern läßt, und EDO öffnet tatsächlich das rosa Maul – für eine, für zwei, ja sogar für drei Flaschen Milch.

Mittlerweile ist aus EDO ein kräftiger Bursche geworden, der großzügig darüber hinwegsieht, daß seine Lieblingsfreundin MALAIKA nur noch so wenig Zeit für ihn hat. Schließlich gibt es ja noch mehr Tiere als immer nur Elefanten. Antilopen und Vögel zum Beispiel – und sieht es nicht toll aus, wenn sie mal ein bißchen durch die Gegend gejagt werden? Nur so zum Spaß versteht sich…

Der kleine Frechdachs

Ajok

Sind Wilderer am Werk gewesen? Ist der Kleine ins Wasser gefallen und abgetrieben worden? Niemand weiß, was mit dem wenige Tage alten Elefantenbaby geschehen ist, das mutterseelenallein im sandigen Flußbett liegt. Aber das ist jetzt auch nicht so wichtig. Kaum, daß Richard E. Leakey, Chef des *Kenya Wildlife Service*, Daphne Sheldrick telefonisch informiert hat, laufen in der *Nursery* von Nairobi die Vorbereitungen für die Rettungsaktion auf Hochtouren. Mehr als 400 afrikanische Straßenkilometer – das ist zu weit, das dauert zu lange, um ein total geschwächtes Elefantenkind per Jeep und Spezial-Anhänger nach Nairobi zu verfrachten. Also sitzt Jill Woodley, die Tochter von Daphne Sheldrick, kurze Zeit später mit Milchpulver, Schnullerflaschen und Decken im Flugzeug, neben sich meh-

Ajok (m)
Geboren:
Mai 1990
Gefunden:
am Turkwel Gorge *im Süd-Turkana-Reservat im Norden Kenias*
Nach Nairobi:
Mai 1990
Nach Tsavo:
November 1991

rere Schläuche ausgedienter Lkw-Reifen. In diesem luftgepolsterten Turm fliegt der kleine Eli, gestärkt durch einen ersten Flaschendrink und vor Verletzungen bestens geschützt, mit Jill zurück. Seinen Namen hat er gleich bei der Begrüßung mit auf den Weg bekommen: »Hallo, du da...«, auf Turkana: »AJOK«.
Gerade mal zwei Wochen ist der Kleine alt, noch längst nicht alt genug, um beim täglichen Programm der anderen Nairobi-Waisen mitzuhalten. Einer der *Keeper* bleibt ständig bei ihm, zupft die weiße Decke zurecht, die seine empfindliche Haut gegen die aufdringliche Sonne schützt, und müht sich ab, damit AJOK den Schnuller der Milchflasche nicht nur als willkommenes Spielzeug betrachtet. Aber so richtig böse ist ihm niemand – im Gegenteil: AJOK ist bald *»everybody's darling«*. Und als die vier älteren Waisen aus der *Nursery* aus- und nach *Tsavo-East* umziehen, hat AJOK ein Jahr lang das Nairobi-Terrain als einzige Elefanten-Waise gepachtet. Er steht im Mittelpunkt des Besucher-Interesses, und das gefällt ihm offensichtlich bestens.
In *Tsavo-East* ist aber Schluß damit. Zur Lektion »Leben in der Wildnis« gehört auch ein gesundes Mißtrauen gegenüber der Spezies Mensch. Also keine Chance mehr für AJOK, vor Publikum als gefeiertes Starlet aufzutreten... Doch der Frechdachs braucht nicht lange, um wenigstens die *Keeper* für sich zu gewinnen. Mal schlingt er seinen Rüssel wie eine Riesenschlange um Johns Hals, mal läßt er sich voller Freude mit ausgestreckten Beinen auf die Erde plumpsen, dann wieder streckt er Joseph den Rüssel für einen kurzen Puste-Kuß hin, den AJOK mit einem zarten Rück-Puster erwidert.
Als MPENZI auftaucht – das acht Monate alte Elefanten-Mädchen, das ein *Keeper* am elektrischen Zaun rund um die *Headquarters* gefunden hat –, verdüstern die ersten Eifersuchts-Wolken AJOKS sonniges Wesen. Seine große Freundin MALAIKA kümmert sich jetzt viel mehr um die Kleine als um ihn, und MPENZI bekommt – was fast noch schlimmer ist – viel öfter die Flasche. Für AJOK stehen nur noch zwei Schnuller-Mahlzeiten aus einem leckeren Gerste-Kokosnuß-Mix auf dem Tagesprogramm; da paßt er höllisch auf, daß ihm wenigstens die nicht entgehen.
Nur vor den wilden Herden hat der Lausebengel zunächst gewaltigen Respekt. Lieber flüchtet er sich in die Obhut der *Keeper*, als mit einer großen Elefantenkuh aneinanderzugeraten. Doch vier Monate später steht die erste Erfolgsmeldung im Tagebuch der *Keeper*: »Etwa um 16.30 Uhr trafen wir auf wilde Elefanten. UND AJOK HATTE KEINE ANGST!«

Mpenzi (w)
Geboren:
Oktober 1992
Gefunden:
im Mai 1993, am Elektrozaun rund um die Parkverwaltung von Tsavo-East

Der Liebling von Tsavo

Mpenzi

Jeden Tag marschiert Joseph Mutua an die acht Kilometer, um den elektrischen Zaun rund um die *Headquarters* von *Tsavo-East* zu kontrollieren. Nur ein Elefantenbaby, das innerhalb des Zauns herumirrt, das hat er noch nie gesehen. Zwar soll der Elektrozaun die Grauen Riesen von dem Terrain um die *Headquarters* fernhalten, aber eine aufgebrachte Elefantenmutter hätte vermutlich – Schmerz hin oder her – die Drähte niedergemacht, um ihr Kind zurückzuholen. Doch die kleinen kreisrunden Fußstapfen lassen kaum Zweifel: Dieses Elefanten-Mädchen irrt hier wohl schon zwei Tage lang allein am Zaun umher. Was also ist passiert?

Die Vermutung des Sheldrick-Teams: Da in Tsavo seit geraumer Zeit nicht mehr gewildert worden ist, muß die Mutter der Kleinen einer der Elefanten sein, die vor kurzem in den Feldern am Rande des Parks erschossen worden sind. Wahrscheinlich haben andere Kühe der Herde versucht, daß verschreckte Baby zurückzuholen – jedoch ohne Erfolg. Auch Joseph hat keine Chance, es zu den *Stockades* mitzulotsen. Erst OLMEG & Co., gerade von ihrem Nachmittagsspaziergang zurück, können die Kleine überzeugen. Mit ihnen tapert sie zu den sicheren *Stockades* und trinkt sich den Hunger aus dem geschwächten Körper.

Daphne Sheldrick ist spontan damit einverstanden, daß die *Keeper* das acht Monate alte Elefanten-Mädchen in ihrer Obhut behalten. Sie wissen inzwischen genau, wie sie den lebenswichtigen *SMA Goldcap*-Milchtrunk mixen müssen, und sie haben so viel Erfahrung mit den grauen Waisen, daß Daphne ihnen den neuen Liebling – auf Suaheli: »MPENZI« – getrost anvertrauen kann. Zwei Wochen noch suchen die *Keeper* nach MPENZIS Verwandten. Vergeblich. Doch das Findelkind scheint sich bereits mit seiner neuen Situation angefreundet zu haben, denn die fünfjährige MALAIKA kümmert sich mit wahrer Elefantenliebe um das neue Baby.

Von nun an zieht MPENZI mit den Waisen tagsüber in den Busch und mittags zum *mudwallow*, wo ELEANOR regelmäßig mit MARY, LISSA und CHUMA auftaucht. Obwohl sie inzwischen die großen Waisen wie eine eigene Familie führt, fühlt sich die Matriarchin auch weiterhin für die »*Keeper*-Gruppe« verantwortlich. Aber da muß sie sich jetzt entscheiden: Soll sie MALAIKA unterstützen, die MPENZI bemuttern will, oder ihre Adoptivtochter LISSA, die die Kleine ebenfalls in ihr Herz geschlossen hat? ELEANOR fackelt nicht lange: Wenn LISSA MPENZI will und wenn MPENZI zu LISSA möchte, dann schiebt ELEANOR MALAIKA mit aller Macht beiseite. Punktum.

Im nächsten Mai scheint alles klar zu sein. Die *Keeper* notieren in ihrem Tagebuch: »ELEANOR und LISSA haben nicht aufgehört mit ihren Versuchen, MPENZI zu sich zu nehmen – und nun sind sie offenbar am Ziel. Aber wir können sie trotzdem im Auge behalten und sofort etwas tun, wenn sie in der Trockenzeit wieder an Kondition verlieren sollte. Wir sind sehr glücklich, daß wir MPENZI ins Leben zurückhelfen konnten; nur MALAIKA tut uns sehr leid. Sie wird die Kleine sehr vermissen.«

Gunstbeweis für Daphnes Enkelin

***Emily* (w)**
Geboren:
September 1993
Gefunden:
am Rande des Nationalparks Tsavo-East
Nach Nairobi:
Oktober 1993

Emily

Ein Gefängnis am Rande des Nationalparks, etwas außerhalb liegt die Latrine. Ein neugieriges Elefanten-Mädchen, dessen Mutter in der Nähe am Futtern ist, wagt sich zu nah an das große Loch heran – und schon plumpst es rein. Die Wachposten des Gefängnisses sind sofort zur Stelle, ziehen das Rüsselkind heraus und schieben es zurück zur Mutter. Die aber stößt es von sich, so weit wie irgend möglich. Offenbar kann sie ihr Baby im wahrsten Sinne des Wortes »nicht mehr riechen«. Die Elefantenkuh ist derart aufgebracht, daß die Wachmänner um das Leben der Kleinen fürch-

ten müssen. Also ziehen sie es von der Alten fort und alarmieren Daphne Sheldrick.
Nach der Sechs-Stunden-Fahrt über die rauhe Asphaltpiste nach Nairobi scheint das Elefanten-Mädchen den Schock über den tiefen Fall und die gewaltsame Trennung von der Mutter noch nicht überwunden zu haben. Oder sind es innere Verletzungen, die die Kleine in Lethargie verfallen lassen? Die *Keeper* kümmern sich rührend um sie, und als hätten sie von vornherein geahnt, daß sich alles zum Guten wenden wird, überraschen sie Daphne mit ihrer Entscheidung: Das Elefanten-Mädchen wird »EMILY« getauft – zu Ehren der Enkelin von Mrs. Sheldrick, Jills Tochter Emily.
Heute macht sich die eine EMILY so prächtig wie die andere. Vorerst gescheitert ist nur der Plan, das proppere Elefantenküken bereits nach seinem ersten Geburtstag in die Gemeinschaft der Waisen von *Tsavo-East* zu verabschieden. Aber EMILY II. wird nicht traurig darüber sein. Mit dem kleinen IMENTI läßt es sich in Nairobi noch eine Weile aushalten.

IMENTI (m)
Geboren:
Februar 1994
Gefunden:
im Imenti Forest, nahe des Mount Kenya
Nach Nairobi:
Februar 1994

Ein Kämpfer auf Leben und Tod

Imenti

Imenti Forest ist ein kleiner Wald, in dem nur wenige Elefanten leben. Sobald sie auf Futtersuche einige Kilometer weit ins offene Feld hinauswandern, geraten sie mit den Siedlern der Umgebung aneinander. Ein lebensgefährliches Zusammentreffen. Wie sonst könnte es passieren, daß eine Elefantenkuh getötet wird, kaum daß sie ihr Junges zur Welt gebracht hat?
Die ersten Lebensstunden des hilflosen IMENTI liegen im Dunkel. Tatsache ist: Die nächsten Wochen und Monate übersteht er mehr tot als lebendig. Ihm fehlt offenbar selbst das, was einem Elefantenbaby erst die Kraft für den Start ins Leben gibt – der erste Milchschub aus der Brust seiner Mutter. Ein so junges Baby ist auch für das erfahrene Sheldrick-Team eine unge-

wohnte Herausforderung. Also zählt einmal mehr die Hoffnung, daß der Kleine nicht bereits zu sehr geschwächt ist: IMENTI wird Blutplasma injiziert, vier Monate lang bekommt er prophylaktisch Antibiotika, bis die ersten Zähne durch sind, und wird rund um die Uhr beobachtet und betreut von den *Keepern*. Nach neun Monaten scheint der Durchbruch geschafft. IMENTI ist zwar noch zu klein für sein Alter, aber das muß nichts heißen, wenn man bedenkt, unter welchen Umständen er es überhaupt so weit gebracht hat. Im Oktober 1994 kommt die erlösende Nachricht aus Nairobi: »IMENTI, einer der niedlichsten Elefanten, die wir je bei uns hatten, strahlt so viel Mut und Entschlossenheit aus, daß er uns voll und ganz von seinem Lebenswillen überzeugt. Anfangs, als es ihm so entsetzlich schlecht ging, mußte häufig der Tierarzt kommen – und mehr als einmal war er entschlossen, IMENTI einzuschläfern, um ihm weiteres Leiden zu ersparen. Doch jedesmal war da etwas in seinen Augen, so ein Funken von Vitalität und Mumm, daß er immer wieder eine neue Überlebenschance bekam. Bis heute hat er gewonnen – und wir sind so glücklich.«

GEBT DEN GRAUEN RIESEN EINE CHANCE

Über die Arbeit des Vereins »Rettet die Elefanten Afrikas e. V.«

Bekanntlich hat es noch nirgendwo und niemandem geholfen, ein Übel am Biertisch zu beklagen. Wer etwas ändern will, der muß etwas tun – informiert, überlegt und zielgerichtet.« Aus dieser Überzeugung heraus gründete der Hamburger Verleger Hans-Helmut Röhring am 9. September 1989 den Verein »Rettet die Elefanten Afrikas«.

Die erklärten Ziele:

- Aufklärungsarbeit über Biologie, Sozialverhalten, Lebensbedingungen und Bedrohung der Afrikanischen Elefanten. Dadurch soll die Nachfrage nach Elfenbein entscheidend gestoppt werden. Der Appell des Vereins: *Kaufen Sie kein Elfenbein. Nehmen Sie kein Elfenbein als Geschenk an. Jedes Stück Elfenbein kann den Tod für den nächsten Elefanten bedeuten.*
- Durch Spendengelder werden Elefanten-Schutzprojekte und Anti-Wilderer-Aktionen finanziert.
- Die Forderung nach einem weltweiten Elfenbeinboykott wird mit allem Nachdruck unterstützt.

Damit war die erste und bisher einzige Tierschutz-Organisation in Deutschland gegründet, die sich ausschließlich für den Afrikanischen Elefanten engagiert.

Spontane Unterstützung kam unter anderem von den Bestseller-Autoren Johannes Mario Simmel, Tomi Ungerer und Otto Waalkes sowie von engagierten Journalisten. Sogar das zuständige Finanzamt zog mit und erkannte »in geradezu atemberaubender Geschwindigkeit« (Röhring) die Gemeinnützigkeit an. Somit konnte der Verein »Rettet die Elefanten Afrikas e. V.« schon nach kürzester Zeit Quittungen für steuerlich absetzbare Spenden ausstellen.

»Achtung, Elefanten!« – Hans-Helmut Röhring, Vorsitzender des Vereins »Rettet die Elefanten Afrikas e. V.«, setzt alles daran, damit dieses alte Verkehrsschild noch lange seine Berechtigung behält

Spendengelder – woher?

Nachdem Presse und Fernsehen über die Gründung und die Ziele des Vereins berichtet hatten, kamen in kurzer Zeit Spenden in Höhe von insgesamt 100.000 Mark zusammen – ein solides Startkapital.

Aus den Verkäufen des Bild-Text-Bandes »Rettet die Elefanten Afrikas« (Rasch und Röhring Verlag) erhielt der Verein pro Exemplar fünf Mark; dies war möglich, weil Autoren und Fotografen auf ihr Honorar, Vertreter auf ihre Provision und der Verlag auf einen Gewinn verzichteten.

Ein Postkarten-Set mit 12 Elefanten-Motiven wurde mit Unterstützung des Ellert und Richter Verlags, Hamburg, zu Selbstkosten produziert. Vom empfohlenen Verkaufspreis in Höhe von 14,80 DM geht der Reinerlös an den Verein. Ein Großteil der Postkarten wurde in vielen Reisebüros vertrieben – über den Veranstalter Jahn-Reisen, München, der sich darüber hinaus in seinen Prospekten für die Rettung der Afrikanischen Elefanten einsetzt.

Sammelbüchsen des Vereins »Rettet die Elefanten Afrikas e. V.« stehen u. a. in Restaurants, Kneipen, Geschäften und Arztpraxen, in Ausstellungen und auf Vortragsveranstaltungen des Vereins.

Jeweils 10.000 Mark an Spendengeldern erhielt der Verein aus dem Reinerlös eines dreitägigen »Elefantenfests« in Gießen, aus den Einnahmen einer Festveranstaltung zur Neueröffnung des Auto- und

Motorradhauses »Motor, Sport, Freizeit« in Aldingen sowie von der Firma Vivadent, dem größten deutschen Hersteller von Zahnversiegelern.

Sachspenden für die afrikanischen Ranger kamen u.a. von der Bundeswehr (Kleidung, Schuhe), von Pharmafirmen und Krankenhäusern; speziell für die *Keeper* in *Tsavo-East* spendete die Firma Meindl, Kirchanschöring, jeweils ein Paar Safari-Stiefel.

Über den 1993 gegründeten »Jumbo-Versand« können diverse »Elefanten-Artikel« (u.a. Schmuck, Stempel, T-Shirts, Kalender) bestellt werden. Der Gewinn aus diesem Verkauf geht in voller Höhe als Spende an den Verein...

...und die Liste ist damit noch längst nicht zu Ende.

Peter und Wilhelm Möller engagieren sich seit Jahren in Uganda für die Rettung der Elefanten

Spendengelder – wohin?

Die Schwerpunkte der Arbeit »vor Ort« in Afrika liegen in Uganda und in Kenia.

Uganda:

Seit seiner Gründung unterstützt der Verein die Arbeit der deutschen *Park-Warden* Wilhelm und Peter Möller und Uwe Hauschildt im *Queen Elizabeth* Nationalpark – inzwischen mit jährlich etwa 20.000 Mark. Darüber hinaus wurde z.B. im Süden des Parks ein neues Ranger-Camp finanziert, wo die Männer mit ihren Familien unter guten Bedingungen leben können. Außerdem wurden Patrouillenboote, Kleidung und Medikamente durch Geld- und Sachspenden beschafft.

Das 2000 Quadratkilometer große Gebiet durchwanderten einst mehr als 3000 Elefanten. Nach der Amin- und Obote-Ära, als Soldaten die Grauen Riesen wegen des wertvollen Elfenbeins sogar mit Handgranaten töteten, war die Zahl auf knapp 300 gesunken. Durch Vermehrung und

Zuzug aus Zaire hat sie sich in den vergangenen Jahren bereits wieder mehr als verdoppelt.
Seit Oktober 1994 arbeitet Peter Möller im *Kidepo* Nationalpark im unzugänglichen Norden des Landes. Dort hat eine kleine Elefanten-Population von etwa 220 Tieren überlebt, die jetzt streng bewacht wird. Mit jährlich 30.000 Mark unterstützt der Verein »Rettet die Elefanten Afrikas e. V.« den Aufbau der Infrastruktur im Park sowie den Unterhalt der Fahrzeuge und die Anti-Wilderer-Maßnahmen der Ranger, die für ihre harte, gefährliche Arbeit – im Rahmen der finanziellen Möglichkeiten des Vereins – einen Extra-Bonus erhalten.

Neue Herausforderung: Peter Möller kümmert sich um den Aufbau der Infrastruktur im Kidepo *Nationalpark, unterstützt vom Verein »Rettet die Elefanten Afrikas e. V.«*

Den neuen, dringend benötigten Kleinlaster verdankt das Sheldrick-Team der Aktion »Mein Patenkind heißt Jumbo« des Vereins »Rettet die Elefanten Afrikas e. V.«

Kenia:

Der Verein schickte Geld für die Reparatur des Flugzeugs, das dem Elefantenforscher Iain Douglas-Hamilton bei einer wichtigen Zählaktion ausgefallen war. Um Daphne Sheldricks engagiertes Waisen-Projekt gezielt unterstützen zu können, initiierte der Verein das Programm **»Mein Patenkind heißt Jumbo«**, auf Anregung und mit tatkräftiger Unterstützung seiner Mitglieder Alison Arnold und Frank Berweger. Für einen Betrag von 45 Mark pro Jahr kann jeder (auch ohne Mitgliedschaft im Verein) die Patenschaft für eine Elefanten-Waise übernehmen. Ähnlich wie andere Organisationen, z. B. in England und in der Schweiz, überweist

der Verein das Geld der »Pateneltern« direkt an Daphne Sheldrick. Sie bestreitet damit die laufenden Kosten für die Betreuung der *orphans* oder finanziert größere Anschaffungen, die für den erfolgreichen Fortgang des Projekts unerläßlich sind. So stellte ihr der Verein »Rettet die Elefanten Afrikas e. V.« 1994 ca. 40.000 Mark für den Kauf eines dringend benötigten Kleinlasters zur Verfügung. Damit sind reibungslose Transporte von und nach Nairobi sowie die Versorgung der *orphans* in *Tsavo-East* sichergestellt.

Deutschland:
Mit Artikeln in Zeitungen und Zeitschriften, Teilnahme an TV-Talkshows, Vorträgen, Ausstellungen, Info-Broschüren, Prospekten und Rundschreiben sowie durch den engagierten Einsatz seiner Mitglieder informiert der Verein über die existentielle Bedrohung der Afrikanischen Elefanten. Hauptanliegen der Aufklärungsarbeit: überall für den Verzicht auf Elfenbein zu werben, um das Wiederaufleben der Wilderei zu verhindern.

Wer helfen will:
Spendenkonten des Vereins »Rettet die Elefanten Afrikas e. V.«:
BfG Hamburg (BLZ 200 101 11) Konto 1360 014 500;
HASPA (BLZ 200 505 50) Konto 1280/141 571.
Sonderkonto »Mein Patenkind heißt Jumbo«:
BfG Hamburg (BLZ 200 101 11) Konto 1360 014 501.

Wer Mitglied oder Pate einer Elefanten-Waise werden will:
Fördermitgliedschaft im Verein ab 100 DM Jahresbeitrag;
Patenschaft: 45 Mark pro Jahr.

Anträge und weitere Informationen (auch über den »Jumbo-Versand«)
beim Verein »Rettet die Elefanten Afrikas e. V.«
Postanschrift:
»R. E. A. e. V.«, Postfach 3643, 24035 Kiel.
Telefon: 040/33 71 67; Fax 040/32 11 55
(Hans-Helmut Röhring; 1. Vorsitzender)

Wer die* Elephant Nursery *in Nairobi besuchen will:
Für die Besucher öffnet Daphne Sheldrick die *Nursery* – den Waisen-Kindergarten am Rande des Nairobi Nationalparks – in der Regel vormittags zwischen 11 und 12 Uhr.
Anfahrt über *Langata* und *Magadi Road* bis zum *service entrance* des Nairobi Nationalparks (auf der linken Straßenseite; gegenüber: *post-office* und Hinweisschild *»KCT«*). Der Einfahrt folgen, am *central workshop* vorbei, und links halten.
Wichtig: Vorher unbedingt telefonisch anmelden – nur in englischer Sprache möglich! Telefon (von Nairobi aus): 891996.

Postanschrift:
The David Sheldrick Wildlife Trust,
P. O. Box 15555, Nairobi/Kenya.

Der erste Besuch in der Nairobi Nursery: *Barbara Voigt (2. v. l.) informiert sich vor Ort bei Daphne Sheldrick und Jill Woodley*

Barbara Voigt, Jahrgang 1947, studierte Soziologie und arbeitet heute als Journalistin. Seit zehn Jahren engagiert sie sich für die Rettung der Elefanten Afrikas, besuchte Schutzprojekte u. a. in Uganda und Kenia, wo sie sich bei den Experten vor Ort eingehend über das Leben und die existentielle Bedrohung der Grauen Riesen informierte.

RRV ▶ DIE WELT DER TIERE

Gerd Ludwig / Mimi Vang Olsen
Das Alphabet der Katzen
ISBN 3-89136-512-8

»Von Meisterhand gemalt: Katzenbilder, mit denen Mimi Vang Olsen ein Buch des Zoologen Gerd Ludwig illustrierte.«
Frau im Spiegel

Thomas Wester
Katzen
Mit einem Vorwort von Doris Lessing
ISBN 3-89136-122-X

»Fotobücher über Katzen gibt es eine ganze Menge. Was Thomas Westers Buch hervorhebt ist, daß er die Vierbeiner nicht verniedlicht oder gar vermenschlicht. Seine Katzen sind unterwegs, streunen, spielen, jagen, schlafen. ›Dieses Buch ist ganz einfach das beste Fotobuch über Katzen, das es gibt‹, urteilt Doris Lessing.«
Gersthofer StadtZeitung

Detlef Kauffmann / Christian Kühl
Die Tiersprechstunde
Der Ratgeber für Katzenfreunde
ISBN 3-89136-510-1

»Tiersprechstunde einmal ganz anders. Mit ihren Katzen-Stories wollen die Autoren die Angst vor den Krankheiten nehmen. Ergänzt wird der Ratgeber durch eine Checkliste für den Tierarzt-Besuch, ausführliche Beschreibungen der häufigsten Katzenleiden, Tips für die Erste Hilfe und viele andere Anregungen.«
Ärzte Zeitung

RASCH UND RÖHRING VERLAG

RRV ▶ DIE WELT DER TIERE

Carl-Albrecht von Treuenfels
Unter Pandas und Pinguinen
Reportagen aus der bedrohten Natur
ISBN 3-89136-511-X

»Treuenfels ist ein genauer Beobachter und unterhaltsamer Erzähler. Er versteht es, an seiner Begeisterung bei der Naturbeobachtung den Leser teilhaben zu lassen... Viele der Fotografien in diesem Band kann man nur meisterhaft nennen.«
Frankfurter Allgemeine Zeitung

Wally und Horst Hagen
Das Buch der Löwen
ISBN 3-89136-461-X

»Morphologie und Sozialleben, Jagdmethoden und Verständigung, Fortpflanzung und Jungenaufzucht – nichts fehlt in diesem Werk. Über die ausgezeichneten Fotos (sämtlich von den Verfassern) freut man sich ganz besonders.«
kosmos

Karl Kock
Elefanten – Mein Leben
Aufgezeichnet von Burghard Bartos
ISBN 3-89136-498-9

»In seinem Buch ›Elefanten – Mein Leben‹ erzählt er seine Erlebnisse und Erfahrungen aus vier Jahrzehnten mit den tonnenschweren Dickhäutern.«
Hamburger Abendblatt

RASCH UND RÖHRING VERLAG